名师课堂·心理学系列

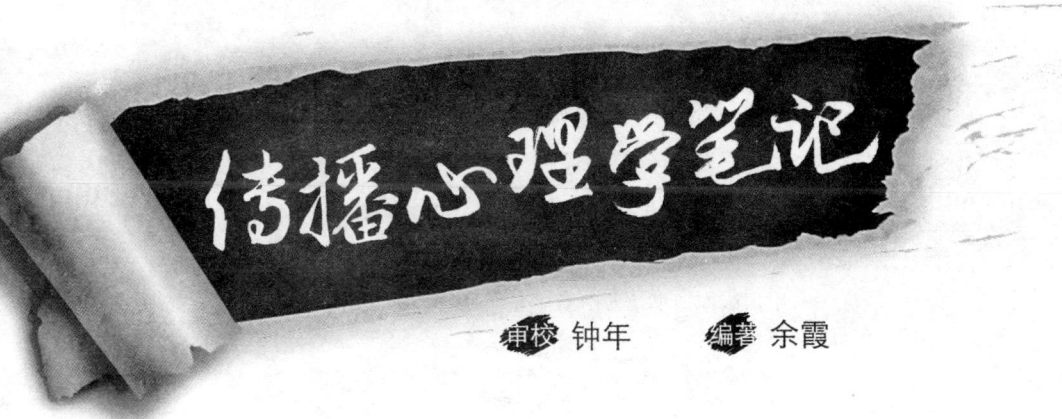

传播心理学笔记

审校 钟年　编著 余霞

2013年·北京

图书在版编目(CIP)数据

传播心理学笔记 / 钟年审校,余霞编著.
—北京:商务印书馆,2013
(名师课堂·心理学系列)
ISBN 978-7-100-09881-6

Ⅰ.①传… Ⅱ.①钟… ②余… Ⅲ.①传播学-应用心理学 Ⅳ.①G206

中国版本图书馆 CIP 数据核字(2013)第 059034 号

所有权利保留。
未经许可,不得以任何方式使用。

传播心理学笔记

钟 年 审校
余 霞 编著

商 务 印 书 馆 出 版
(北京王府井大街36号 邮政编码100710)
商 务 印 书 馆 发 行
北京市白帆印务有限公司印刷
ISBN 978-7-100-09881-6

2013年5月第1版　　开本 787×960　1/16
2013年5月北京第1次印刷　印张 14¾　插页 1
定价:29.80元

"名师课堂·心理学系列"编写说明

这套"名师课堂·心理学系列"图书是商务印书馆邀请中国心理学界一线知名学者共同策划的大众心理学读物。本系列图书以课堂笔记的形式呈现内容,让您的阅读过程有如亲临讲课现场,与老师面对面,聆听老师"传道、授业、解惑"。大量的手绘插图和区块化设计,不仅让行文更加生动,也更便于读者理解相关知识点。无论是普通的心理学爱好者,还是有志于深造的学子,都会在阅读过程中发现心理学的学习过程原来可以这样高效、轻松、有趣。

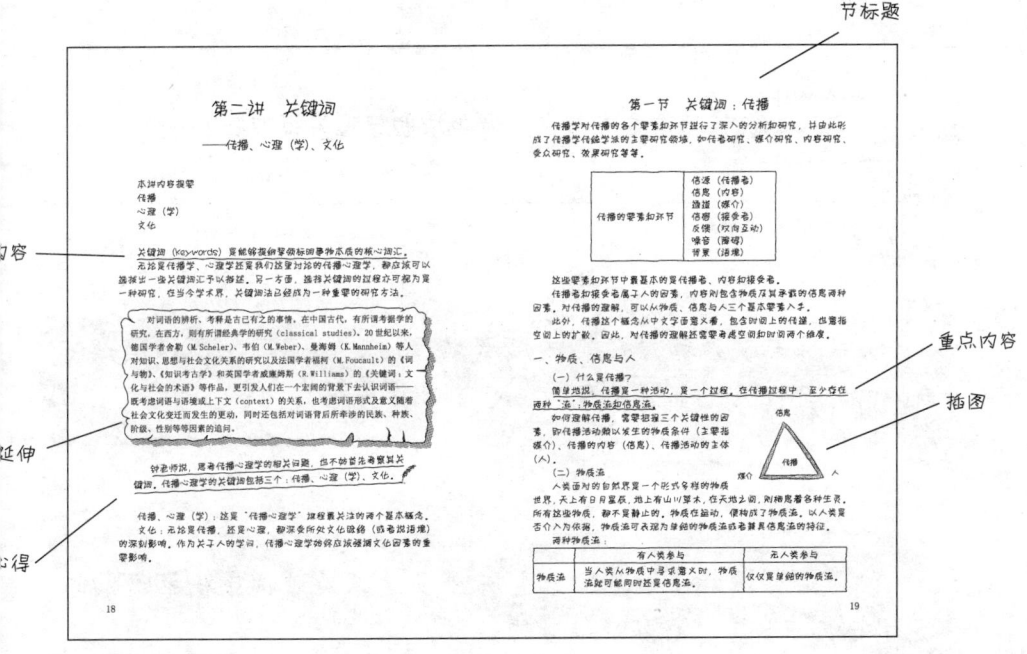

如果是学习本专业的读者,我们建议您仔细阅读每本书的序言和序言后老师们自己的学习经验和心得。这里有各位老师独家的学习方法和研究感受,希望对您未来的学习和研究能有具体帮助。这也是本系列图书有别于其他心理学同类图书以及各位老师其他图书的地方。

 此为作者心得,便于读者更好地理解相关内容。

 此为内容延伸,便于读者更深入地理解相关内容。

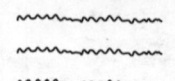 此为重点内容,便于读者掌握关键内容。

对于想要快速阅读本书的读者,建议重点阅读每页波浪线标注的内容,配合插图加深理解,可有效掌握相关内容。

对于想要深入了解这门学科的读者,请关注附录中老师们的参考文献,这是一条可以追寻的线索。

目 录

序 / i

怎样学习传播心理学？ / v

第一讲　导论：什么是传播心理学？ / 1

第二讲　关键词——传播、心理（学）、文化 / 18

第三讲　言语沟通 / 35

第四讲　非言语沟通 / 53

第五讲　自我传播与自我认识 / 75

第六讲　人际沟通与人际关系 / 104

第七讲　组织传播与群体思维 / 121

第八讲　大众传播与大众心态 / 142

第九讲　跨文化传播与文化认知 / 167

第十讲　从自我到文化 / 180

第十一讲　传播心理学的回顾与展望 / 195

　　　　拓展学习：从开放社会科学角度看传播心理学 / 207

附录一　钟老师的简介 / 214

附录二　钟老师的文章 / 215

序

  我与心理学结缘，是从1979年进入北京大学心理学系学习以后开始的。日月如梭，光阴荏苒，不经意间这段缘分到今天已经有了三十三年的历史。我进心理系，还有一段故事。我最初填报的志愿是物理系，因为那个时候中国大陆刚刚结束十年"文化大革命"，举国上下要推动四个现代化的建设，在专业学习上流行一句话："学好数理化，走遍天下都不怕！"也因此当年各个高校的数理化专业考分都是最高的。我的考分不错，但物理专业的名额已满，北大招生的老师不愿放弃，就找到我商量说物理专业上不了可以选择其他专业。在这些可选择的专业里面就有心理学。也许是这个名字让我有兴趣，也许是"心理学"与"物理学"只有一字之差，我就打算读心理学。

  要决定读心理学专业还是应该对这个专业有点了解，可那时不像现在，几乎找不到任何关于心理学的信息。我外祖父有一本1950年郭沫若先生、邵力子先生题签、由上海春明出版社出版的《新名词辞典》，辞典有一两块砖头那么厚，如今被人称为"新中国第一部百科全书"。我翻遍此书，只找到一条与心理学有关的词条，叫"心理战"，说的是"二战"期间德国纳粹将心理学知识运用到战争中。看到这一词条我很兴奋，因为我从小就有从军的梦想，事实上我填报的志愿里面就有好几个军校。现在我发现学心理学既可以满足我上北大的愿望，还可能实现我当兵的梦想，可说是一箭双雕了。不过我父母对这个词条不满意，他们觉得自己的儿子当兵打仗挺危险，于是也到处打听心理学的信息。好在他们所在的长江水利委员会（当时叫长江流域规划办公室）是个知识分子成堆的单位，不久就有在1949年以前上过清华大学的同事想起他们读书的时候学校里有心理系，记得心理系的同学毕业后可能到幼儿园带小孩。大概我父母觉得到幼儿园很安全，最后全家一致同意我上心理系。

  一旦读了心理学，这个学科就与我如影随形、难舍难分了。因为是1979年进北大心理学系的，记得有老师对我们说：你们这一届同学在历史上是有特殊纪念意义的。整整100年前，也就是1879年，冯特在莱比锡大学建立了第一个心理学实验室，这个事件标志着现代心理学的诞生；100年后的今天，你们来北京大学学习心理学，或将为心理学揭开新的一页。这当然是鼓励的话，但起码让我们中的一些人将自己的个体生命与这门学科建立起了某种的联系，也算是"七九情结"吧。2008年时，我和我的同班同学彭凯平邀约几位心理学界的同道一起创建"心理学与中国发展论坛"，说不定也是这种情结在作怪。当然，懂心理学的人明白，以上说辞恐怕十之八九只是我的"事后归因"。

不过，如果从专业主义的角度来看，从进北大读书起我就没有完全"固守"自己的专业。我们在大学本科时，专业课程设置上大概是为了与理科定位相配合，开设了许多数理化方面的课。我记得很清楚的一门课是"无线电基础"，竟然发了七本书，其结果自然是学得昏天黑地、痛苦不堪。我们几个耐受力有限的同学，就跑到系里向负责的老师诉苦。碰巧当时主持系务的王老师刚从美国访学回来，听了我们的意见后表示说，美国的心理学也不是一味只有理科取向，自然科学、社会科学乃至交叉科学的定位都是可以接受的。于是，在系里的同意下，我们几个同学就选修了费孝通、林耀华、金开诚、杨辛、叶朗等先生的社会学、人类学、文学、美学等方面的课程以取代某些数理化的课。

社会学、人类学包括我自己旁听的一些人文类课程及大量的各科讲座开启了另外一扇窗户，让我窥见知识领域学术研究的其他方面，也略略体会到一些当年蔡元培先生在北大提倡的"兼容并包"的精神。我觉得心理学也应该是兼容并包的，可以允许多样性的探索，社会学等方面的课还让我思考起社会应用的问题。此后发生的一些事例，更加强了我的这种信念。

我们高年级的时候，系里请来了刚获诺贝尔经济学奖不久的西蒙（H. Simon）教授开设了一个学期的"认知心理学"课，由张厚粲教授等做中文翻译，这在中国心理学界是一件盛事。我现在手里还珍藏着西蒙的《管理决策新科学》的中文版，扉页上有他中、英文的亲笔签名（西蒙的中文名字叫"司马贺"）。我们同学曾问过西蒙一个问题，大约是他对心理学家身份的认同。出乎我们意料的是，他说他没有老是在想自己是不是心理学家或是什么别的学科专家，他只是觉得一辈子在关注一些问题，而核心的问题就是"问题解决"，跟随着这些问题，自然而然就进入到不同的学科。西蒙的回答，让我模模糊糊感觉到，对于学科的边界，也许不要看得那么重。

大学毕业的时候，我和同班同学孟宪东专门拜访了中国心理学的奠基人之一唐钺先生。唐先生是北大心理系的资深教授，但因年事已高，深居简出，当时我们心理系的学生没有任何一个人见过他。眼看就要毕业了，身边有这么一个心理学大师而无缘得见，我很有些不甘心。于是，我们俩代表我们这一届同学去看望唐先生，希望他能给我们一些鼓励。先生很和蔼地与我们交谈，思索了给我们班同学的赠言并亲笔签名。我印象最深的是唐先生家连走廊上都堆得是满满的藏书，其中很多是线装书。我问先生近来忙些什么，先生回答"研究点国学"。我当时心中就想，原来心理学家也可以与这些古书打交道，可以从古书中寻找资源。

还有一件事。我中学一位同学也考入北大，读的是地质系，他们专业的同学常常去外面做实习。他告诉我地质学可以找矿，给我看各种各样的石头，可惜我现在一点儿都不会辨认了。由此我认为地质学是很有用的学科，可以为社会发展服务。回头想想自己学的心理学，突然觉得很没有用处，心想自己毕业了以后能干什么呢？当然那时候社会上都不知道心理学，也对心理学没什么需求，但是也许心理学这个学科本身也有问题，让学习者一时看不到它的用处。

因为如上种种，我毕业后选择去中南民族学院做民族文化研究。其时著名社会学家、人类学家吴泽霖先生在民院，吴先生是闻一多、潘光旦、罗隆基等人的同学，是中国最早的留美社会学博士。吴先生是著名的"具有心理学倾向的社会学家"罗斯（R.H. Ross）的弟子，所以他的研究既秉承了社会学的传统，又融合了心理学的要素，我就在他的门下做了八年的文化人类学、民族心理学的研究。那时候，做了不少田野考察，去过广西的苗族、瑶族、壮族地区，湘桂黔三省交界的侗族地区，湖北的土家族、苗族、侗族地区。

吴先生去世后，我于1991年转到当时武汉地区可能是仅有的一家文化研究机构——湖北大学中国思想文化史研究所——继续我的文化研究。1991年到2001年这十年，我的学术领域由单纯的对少数民族的研究转到对中国传统文化、社会变迁、风俗习惯以及历史学的心理学探索。由上古神话中的原始思维到中国人的传统角色再到当代中国人宗族生活以及生育文化心理，我做了一些现在看起来有质化倾向的研究。到2001年，武汉大学人文学院打算发展心理学，并且主攻方向在文化心理学、人文心理学，很契合我的研究方向，于是我颇费了一番周折来到武大，直到今天。

上面说了一大堆自己的故事（用专业名词粉饰一下就算是"叙事心理学"吧），其实是为我关注沟通传播心理学做铺垫。在学习其他学科知识包括后来进入其他学科从事研究的过程中，我发现学科间隔阂的深重与壁垒的森严。各个相异学科的学者操弄着不同的概念、言说着不同的话语、秉持着不同的理念，在专业主义的旗帜下老死难相往来。即使有机会大家坐到一起，怎样向别人介绍自己的学科、怎样说让外专业人士听得懂的话、怎样与其他学科寻找共同点以建立联系等等，也成了大问题。我很认同华勒斯坦（Wallerstein）等人在《开放社会科学》（*Open the Social Sciences*）一书中提出的观点，各门社会科学之间要打开门窗多来往，但开放的前提正是沟通、传播、交流。我深信传播学者说的话：传播沟通是人类最基本的行为。正因如此，当我看到一门学科叫"传播心理学"时，就对它产生了浓厚的兴趣。

这部《传播心理学笔记》是以近年我在武汉大学心理学专业研究生课

堂上的讲授内容为基础编写的，编著者是传播学博士余霞副教授。余霞博士在硕士研究生阶段是我带过的学生，她博学审问、慎思明辨，在传播学领域造诣颇深，于心理学知识也涉猎甚广。传播心理学是一门心理学与传播学的交叉学科，由她来整理《传播心理学笔记》，堪称不二之选。策划编辑李静婷女士，在命题、选材、文字、插图各方面独具匠心，并有监督鼓励之功。读者诸君因本书进入传播心理学园地，若能时见些红花绿叶，当多是她们二位汗水浇注，书中之纰缪不足，则应由讲授者承担。

　　是为序。

钟　年
2012年12月于武昌珞珈山麓

怎样学习传播心理学？

传播心理学是一门还十分年轻的学科，我自己对于这门学科也还处在学习过程中，所以这里谈论怎样学习，不是指导性意见，只是个人的学习体会。

我想首先介绍一下传播心理学的性质。传播心理学关注的是人类最基本的行为，因为沟通传播在人类社会中无时无刻不在起作用。因此传播心理学应该算是一门人类知识体系中的基础学科。同时，因为传播沟通的日常性，传播心理学也有极大的应用价值，是一门可以普及到各种生活场景的应用学科。还应指出的是，传播心理学又是横跨心理学与传播学的交叉学科。

我个人对传播心理学的兴趣，在"序言"部分已经做了交代。我在读博士期间，曾利用博士生的身份到新闻传播学院蹭课，由此对传播学知识有了初步的了解。我发现，在传播学领域开设传播心理学课程的不多，在心理学领域对传播心理学的关心也甚少，这与传播心理学的重要性是不相称的。经过一段时间准备，我就在武汉大学心理学硕士研究生课程中开设了传播心理学，听课的除了心理学专业的学生外，也常常有新闻传播学的研究生。

正如《传播心理学笔记》中介绍的，国内也有少数传播心理学或新闻心理学的教科书，不过从传播的最基本内容如言语传播和非言语传播以及从关系视角对传播与传播心理全面介入的课程很少见。我的传播心理学课程内容设置的特色：首先，强调传播学是人学，从沟通与关系的角度建构传播心理学；其次，注重突出交叉学科、跨学科的特点，在广泛介绍心理学对传播的研究的基础上，兼顾已有的传播学架构及其内容，有利于传播学、心理学两个专业学生的学习；再次，注重社会生活中的案例，因为传播心理学的事例随手可拾，所以在课堂上会与同学们讨论当下发生的种种实事，本笔记尽量保持课堂原貌，以利于读者理解相关内容。

具体建议如下：

一、学好社会心理学。传播心理学是社会心理学的分支，里面涉及的概念、观点、方法、思路等与社会心理学息息相关，可以说，掌握社会心理学的相关知识是学习传播心理学的基础。

二、学好文化心理学。文化心理学是最近20年发展迅速的心理学分支，它本身也代表着心理学研究的一种思维取向。传播现象既是社会的，也是文化的，尤其在当今文化交流日益频繁之时，不了解人们的文化心理，几乎就难以理解人们的传播与沟通行为。

三、学好传播学。传播学是传播心理学的母体学科之一，传播心理学的研究对象就是人类传播中的心理学话题。传播心理学问题的最终解决，离不开心理学者与传播学者的合作，任何对传播学的忽略和轻视，都将是传播心理学的致命弱点。

四、联系社会生活实际。孔子说过"学而时习之"，这也应该是对传播心理学的要求。传播行为极强的现实性决定了传播心理学的学习要走理论联系实际之路：从实际中总结出理论，理论再回到实际中获得检验以及帮助解释实际、指导实际。

当然，学习传播心理学，与学习任何一门课程一样，都要符合基本的学习规律。此外，由于前面强调的传播心理学的学科特性，我们前辈提倡的实践、体悟、交融、汇通的学习方法，也值得推荐。所谓"工夫在诗外"，老师的课堂讲授，只是一点儿读书门径。读者看罢《传播心理学笔记》之后，大可过河拆桥、登楼去梯，因为那向前向上的事情，多半仰赖的是自己的力量。

钟　年

2012年12月于武昌珞珈山麓

第一讲　导论：什么是传播心理学？

> 人不能不传播。——沃茨拉维克

本讲内容提要
为什么要学传播心理学？
传播学与心理学是什么关系？
什么是传播心理学？
传播心理学课程体系

一、为什么要学传播心理学？

（一）传播活动的重要性：古今中外的认识

为什么要研究传播心理学？这与传播（或曰沟通、交流）在人类活动中的重要性密不可分。

中外对传播重要性的强调

（1）张仪的故事

我国先秦时期有两个著名人物张仪、苏秦，他们是纵横家，用通俗的语言说是"说客"。两人出山以后，仗着一张利嘴，说遍天下无敌手。张仪做了当时最强大的国家秦国的相，苏秦则"挂六国相印"，两人均位极人臣，用今天的眼光看，算得上是极大的成功人士了。不过，成功人士也有敌人。据说有一次张仪与他的一伙仇人迎面碰上，对方不由分说（这四个字颇有讲究，张仪这样的人是不能与他说的），痛下杀手，将张仪打死过去，然后扬长而去。待这伙人走远，刚才吓得躲在一旁的张仪之妻才现身出来，看见自己丈夫倒在血泊之中，不禁伏尸痛哭。张仪却没有真死，在哭声中悠悠醒来，便问妻子为何痛哭。妻答："你浑身被打得没有一块好肉了，焉能不哭？"闻听此言，张仪张开嘴问妻子里面有什么，妻说舌头倒还是好的。据说张仪便说出了一句千古名言："只要舌头还在，一切皆有可能！"

这个故事可视作中国人对传播重要性认识的绝好说明。

（2）巴别塔的故事

《圣经》中有个巴别塔（也就是通天塔）的故事，说的是人类被上帝创造出来以后，迅速繁衍，遍满地面，于是人类觉得地上之事都已通晓，便想到天上去看看。人类相约修一座通天塔，很快就修得直入云霄，眼看就要抵达天界了。这事让上帝大感焦急，只得采取断然举措。下面是《圣经》中的原文。

耶和华说："看哪，他们成为一样的人民，都是一样的言语，如今既做起这事来，以后他们所要做的事就没有不成的了。我们下去，在那里变乱他们的口音，使他们的言语彼此不通。"(《创世记》第11章)

这个故事强调的是言语，亦即传播沟通。如果说张仪的故事是从正面点明传播的精妙绝伦，巴别塔的故事则从反面力陈传播的无可替代。

传播如此重要，被西方人视为"传播学之父"的威尔伯·施拉姆（Wilbur Schramm）在他那本著名的《传播学概论》的扉页上题了这样几句话：

人既不完全像上帝，
也不完全像野兽，
他的传播行为，
证明他的确是人。
——施拉姆

施拉姆小传

威尔伯·施拉姆（Wilbur Schramm）是传播学的集大成者和创始人。被称为"传播学鼻祖"、"传播学之父"。施拉姆对传播学的巨大贡献在于他把美国的新闻学与社会学、心理学、政治学等其他学科综合起来进行研究，在前人关于传播的研究的基础上，归纳、总结、修正并使之系统化、结构化，从而创立了一门新学科——传播学。其标志是1949年由他编撰的第一本权威性的传播学著作——《大众传播学》的出版。施拉姆建立了第一个大学的传播学研究机构，编撰了第一本传播学教科书，授予了第一个传播学博士学位，也是世界上第一个具有传播学教授头衔的人。

（二）从人的本质看传播的重要性

"什么是人"或曰"人类的本质是什么"？

施拉姆：人是传播的动物，突出传播行为是人类的本质特性。

在哲学领域，著名哲学家卡西尔在其名著《人论》中就认定"人是符号的动物"，其说法与施拉姆有异曲同工之妙。

（三）从人的基本需要看传播的重要性

套用人本主义心理学的创始人马斯洛（A.Maslow）关于人类基本需要的说法，可以说传播沟通也是人类的基本需要。

马斯洛依次谈及人类的生理需要、安全需要、归属与爱的需要、尊重

需要、自我实现的需要,那么,传播也可以与人类的各种需要对应:

1. <u>生理需要</u>。从生物进化的角度看,人类的祖先就是群居沟通的动物,直至今日,缺乏交流依然会影响到人的身体健康。

2. <u>安全需要</u>。有效地传播与获取信息,让人感到踏实,没有任何消息或只有混乱的消息是人们恐怖不安的重要原因。

3. <u>认同需要</u>。我们对于自我的认识也来源于传播,与他人的互动可以得到关于自我的反馈信息,从而逐步建立起我们的自我认同。

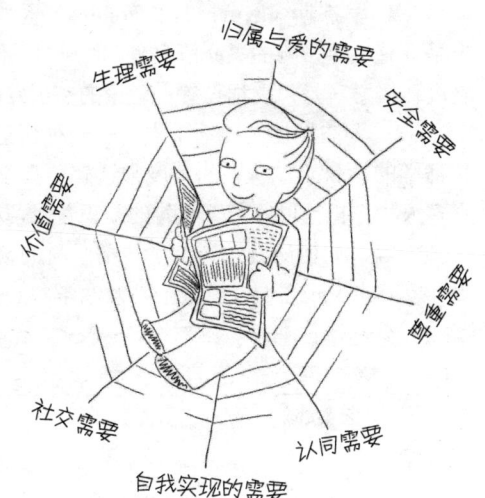

4. <u>社交需要</u>。在与他人的互动中建立起我们的人际关系,并学习人与人之间的相处之道,例如相互尊重相互理解。

5. <u>价值需要</u>。通过自己的努力,结合他人的帮助,实现生存的目标,展现生命的意义。

二、传播学与心理学是什么关系?

<u>传播心理学是一门交叉学科,横跨传播学和心理学两个领域。要了解传播心理学,就要首先了解传播学和心理学的关系。</u>

传播要有好的效果,应当把握受众的心理特征。

E.M. 罗杰斯及其《传播学史——一种传记式的方法》简介

E.M. 罗杰斯（Everett M.Rogers）是当代美国著名的传播学学者之一，也是具有世界影响的媒介研究者。他开创了传播学的一个新兴的分支领域——发展传播学，是"议程设置"理论的杰出发展和当代主要代表人之一。

E.M. 罗杰斯的《传播学史——一种传记式的方法》运用传记的方法梳理传播学的学科史，从人的角度来读解传播学史，这是一个独特的视角，涉及众多人物与机构以及若干学科的知识背景，既考察了其他学科（特别是心理学、社会学等）如何深刻地影响了传播学科的诞生与成长，也探究了传播学研究如何富有意义地影响了社会学、政治学和心理学等多种学科。

（一）从心理学的角度看传播学学者对传播学学科史的表述

在传播学领域，有"三个学派"、"四位奠基人"、"一位集大成者"等公认说法。

> 原来传播学和心理学这么亲密啊！解读学科史，不仅仅可以从学科自身进行，还可以从近亲旁邻入手哩！

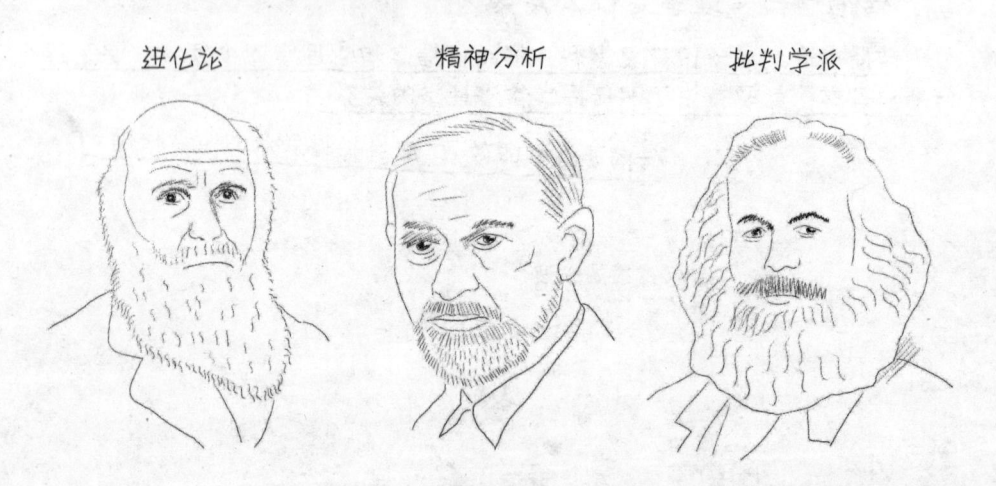

1. "三个学派"
达尔文与进化论
弗洛伊德与精神分析
马克思与批判学派

| 进化论 | 精神分析 | 批判学派 |

背景：达尔文、弗洛伊德、马克思是19世纪至20世纪初欧洲三个最重要的社会理论家。他们的思想越过大西洋，对美国社会科学的起源也产生重要影响。进化论、精神分析理论和马克思主义这些欧洲的理论基础直接或间接地影响了1900年后在美国崛起的传播学。

受到弗洛伊德学说影响的传播学研究

传播学研究	影响源
霍夫兰等人的态度改变研究	态度研究的学术传统由霍夫兰开创,该传统受到C.赫尔的学习理论的影响,而赫尔的学习理论又受到弗洛伊德理论的影响。
拉斯韦尔的研究	弗洛伊德的理论对拉斯韦尔有关政治领袖的精神分析研究产生了影响,这对拉斯韦尔的传播研究也有间接影响。
法兰克福学派的研究	法兰克福学派在20世纪30年代和40年代将弗洛伊德精神分析理论和马克思主义结合起来,从而为我们提供了今天的批判的传播理论。

"显而易见,弗洛伊德的长长的思想影子体现在今天人类传播学的各条线索中。"
——罗杰斯

2. "四位奠基人":拉斯韦尔、拉扎斯菲尔德、勒温、霍夫兰
四人中,勒温、霍夫兰是心理学家,其他两位也与心理学关系密切。

拉斯韦尔　　拉扎斯菲尔德　　勒温　　霍夫兰

3. "一位集大成者":施拉姆

施拉姆和传播学"四位奠基人"与心理学的关系

施拉姆(Schramm)	心理学的博士后。一辈子和很多心理学家合作过,比如盖洛普(就是后来用心理学研究态度的方法作民意调查的那个心理学家)。
拉斯韦尔(H.D.Lasswell)	政治心理学的创始人
拉扎斯菲尔德(P.F.Lazarsfeld)	经济心理学的创始人
勒温(K.Lewin)	心理学家
霍夫兰(C.I.Hovland)	心理学家

> 原来，传播学的奠基人和集大成者都是心理学家啊，从心理学的角度解读传播学实在很有必要！

4. 心理学家对传播的关注

其实，心理学家一直很重视传播（沟通）问题，例如社会心理学家、发展心理学家、临床心理学家、管理心理学家、语言心理学家、情绪心理学家等对人类的各种传播（沟通）现象有大量研究。在日常生活中，心理学家对传播也给予了特别关注。

> 1978年诺贝尔经济学奖得主著名心理学家西蒙（H.Simon）在自传中的一段话：
>
> 我懂得了只有学生听课，讲课才有用。而且只有他们认为你讲的东西可以理解并觉得中肯，他们才会去听。如果你大声讲，他们会听得好一些。如果你来回踱步，你可以从他们移动的头得知他们是否在听（就像网球赛的观众一样）。你可以看看班上最漂亮的女孩，看她是否注意听课来得到反馈（不巧那时工程学班级没有女生）。
>
> ——《西蒙自传》第130页

钟老师说：西蒙用风趣幽默的语言在讲课，上课其实就是典型的传播。可明显看出，这里涉及了传播的信息（讲什么？）、传播的方式（怎么讲？大声、来回踱步？）、传播的效果（观察学生的反应）、传者的心理、受众的反馈等传播领域关注的最基本和最重要的问题。

小结

"三个学派"、"四位奠基人"、"一位集大成者"，这是传播学对自己学科理论渊源的描述。根据这种观点，从学科起源来看，传播学与心理学起码有三分之一的关系，因为弗洛伊德的精神分析是其理论基础之一；从奠基人的角度来看，四位奠基人中有两位（勒温、霍夫兰）是著名的心理学家，这样说起来二者有二分之一的关系了；而集大成者施拉姆是心理学博士后，拉斯韦尔、拉扎斯菲尔德从某种意义上说也算是心理学家，如此一来二者的关系就更密切了。其实，我们这里只讲了传播学研究者与心理学的关系，别的方面尚未涉及，例如心理学的研究方法，现在已经成了传播学研究的基本方法之一，一些传播学者用心理学的实验方法做自己的研究，真的很难区分这是心理学的成果还是传播学的成果。

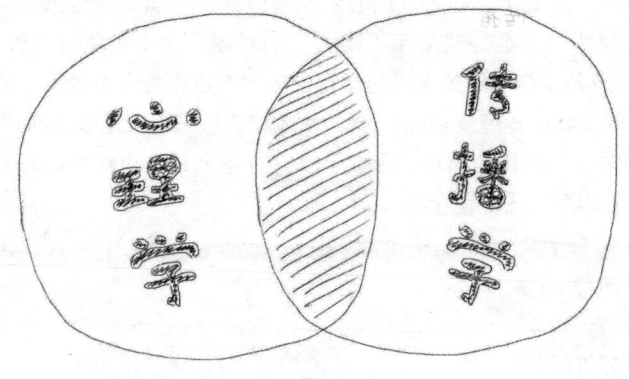

它们之间的关系有多密切？三分之一？二分之一？更多？

（二）传播学对心理学的影响

传播学对心理学也有许多重要影响，如：

1. 影响到心理学的基本问题

如语言现象是传播学重点关注的内容，而语言与认知、语言与思维的关系正是心理学中常辩常新的问题。

2. 促进了理论之间的互动

一些传播学的重要理论，如"议程设置"理论、"沉默的螺旋"理论等，引发了心理学家的思考和后续研究。

> "议程设置"理论与"沉默的螺旋"理论
>
> "议程设置"是一种大众传播功能理论。它是在李普曼的"拟态环境"以及拉斯韦尔关于大众传播的"环境监视功能"概念的基础上，通过实证研究提出的一个理论假说。美国传播学家M.E.麦库姆斯和唐纳德·肖于1972年在《舆论季刊》上发表题为"大众传播的议程设置功能"一文，提出"议程设置"理论，认为大众传播往往不能决定人们对某一事件或意见的具体看法，但可以通过提供给信息和安排相关的议题来有效地左右人们关注哪些事实和意见及他们谈论的先后顺序。即大众传播可能无法影响人们怎么想，却可以影响人们去想什么。
>
> "沉默的螺旋"（The Spiral of Silence）最早见于诺埃勒-诺依曼（Noelle-Neumann）1974年在《传播学刊》上发表的一篇论文，1980年以德文出版的《沉默的螺旋：舆论——我们的社会皮肤》（*The Spiral of Silence: Public Opinion—Our Social Skin*）一书，对这个理论进行了全面的概括。"沉默的螺旋"理论基础主要来源于心理学、大众传播学和社会学。沉默的螺旋指的是这样一种现象：对于一个有争议的议题，人们会形成自己对周围的"意见气候"的认识，同时判断自己的意见是否属于"多数意见"，当感觉到自己

的意见属于"多数"或处于"优势"的时候,便倾向于大胆地表达出来;当发觉自己的意见属于"少数"或处于"劣势"的时候,为了避免被"孤立"而保持"沉默"。越是保持沉默的人,越觉得自己的观点不为人所接受,他们越倾向于继续保持沉默。几经反复,占"优势"地位的意见越来越强大,而"劣势"意见越来越弱势,这样的循环,形成了"一方越来越大声疾呼,而另一方越来越沉默下去的螺旋式过程"。

3. 提供科学研究的素材

传播现象丰富多彩,可以为心理学研究增添大量资料数据。近年来,尤其是新的传播形式层出不穷,新的传播手段向心理学提出了许多新的问题。

4. 影响举例

(1) 传播学对网络的研究让社会心理学发生了很多改变

社会心理学以前讲人际关系的时候,都是说面对面(face to face)的关系,但是在有了网络之后,关系就变得很复杂了,人们不用面对面就可以在网上交流(甚至谈恋爱——网恋),就使得有很多新的话题需要得到关注和研究。例如虚拟空间中人们的心理与行为有一些什么样的新特点、虚拟空间对人们现实世界生活的影响等。

传播心理学

(2) 传播学对手机的研究使得心理学领域发现了很多新的话题

例如手机与自我的研究。手机成了当今人们难以离身的通讯工具,是延伸自我的重要表现。有人研究发现以前人出门怕忘记带钥匙,现在人出门怕忘记带手机。

小结

自我传播、人际传播、组织传播、大众传播、网络传播、跨文化传播等很多领域都是心理学和传播学共同研究的领域。

包括几个"W"，谁在传播信息、谁在接受信息等这些东西都是两个学科共同关心的，现在有一个联系的纽带——传播心理学。

三、什么是传播心理学？

（一）传播学史上，对于传播学，前辈如何说？

> 研究传播学其实就是研究人：研究人与人、人与他的团体、组织和社会的关系；研究人怎样受影响，怎样互相影响；研究人怎样报道消息，接受新闻与知识，怎样受教与教人，怎样消遣与娱人。要懂得传播学，应先了解人与人怎样建立关系。
> ——施拉姆

根据施拉姆的观点，传播学作为学科的抱负是什么？或者说传播心理学想做什么？这个抱负和理想与社会心理学几乎同出一辙，因为社会心理学在一定意义上就是研究人际关系的学问，施拉姆心中的传播学，也把重点放在了人与人怎样建立关系上。从某种意义上看，施拉姆所讲的传播学，就像是传播心理学了。这些话告诉我们一个基本的道理，即：传播学是"人学"，因为传播是人的一种基本行为。从这个角度看，传播学和心理学的抱负和理想有相同的地方也就不足为奇了。

（二）回答什么是传播心理学，要解决三个基本问题：传播心理学可不可以成立？传播心理学应该研究什么问题？传播心理学的追求是什么？

> **传播心理学的学科合法性**
>
> "名不正则言不顺。"传播心理学能否成立牵扯到一个学科合法性的问题，是无法回避的问题。在我国出版的有影响的一些传播心理学著作中，对此问题的看法也颇有分歧。这些讨论，牵扯到什么是学科和学科成立的标准等问题。
>
> **对传播心理学的代表性观点举例**
>
> "尽管大众传播学和心理学这两门学科之间有着多方面的内在联系，为构建大众传播心理学提供了可能性；尽管在信息时代，大众传播业的发展亟须大众传播学在更深层次如心理层面上给予指导，这又为大众传播心理学的建立提供了必要性。但遗憾的是，时至今日，大众传播心理学的科学体系远未形成，可能性、必要性还不足以促使这门学科的构建变为现实。"
>
> （刘京林：《大众传播心理学——从现代心理学视角看大众传播》，北京广播学院出版社，1997年，第14页。）
>
> "传播心理学虽然还未成熟，还未出现所谓可认定已成'系统科学'的著作，但作为边缘学科，她已承担了产生她的传播学和心理学都不能解决的边

缘问题研究，她已有自己不与其他学科相混淆的独特的研究对象、任务、内容、理论框架，据此，我们可以提'传播心理学'，可以用'传播心理学'这一名称来讨论与'传播心理学'有关的问题了。"

（林之达：《传播心理学新探》，北京大学出版社，2004年，第40页。）

一门学科成立的标准

学科成立的标准有许多，但基本的有三个：独特的研究对象、合理有效的研究方法、完整的理论体系。

学科的基本要素 { 研究对象 研究方法 理论体系 }

这是相对较为严格的学科标准。其实，学科以及学科的标准，在相当程度上是人类文化的塑造。美国著名学者华勒斯坦（Wallerstein）等人在《开放社会科学》(Open the Social Science)一书中揭示的一个事实就是："对社会科学知识所作的制度性区分具有相当大的人为性。"通过对历史文献的回顾，他们清晰地展现了社会科学各个学科产生与发展的过程：

在主要大学里设立一些首席讲座职位

建立一些系来开设有关的课程 授予学位

研究的制度化（创办专业期刊，建立各种学会）（全国性 国际性）

建立按学科分类的图书收藏制度

在我国，心理学、传播学的发展如此，我国的传播心理学的发展大致也经历了这样一个过程。随着交叉学科、边缘学科的不断涌现，更多的新兴学科纷呈迭出，学科标准也变得不那么严格了。

诺贝尔奖得主西蒙（H.Simon）教授的研究工作跨越了心理学、经济学、计算机科学等领域，钟老师说，他们在读书时曾问过他（西蒙当时在北大为他们开设"认知心理学"课）的学科归属。回答令人很意外，他说他不太考虑自己属于什么学科，他只知道自己一辈子在研究"问题"，这个问题就是与人类思维有关的"问题解决"（problem solving）。受到这件事的启发，钟老师认为，说"传播心理研究"或"传播心理学"都应该是可以的，既然中国人喜欢"某某学"，也不妨以"学"名之。让传播心理学这样一门学科成立或曰存在，使相关研究的散兵游勇走向联合，使相关话题的散论杂谈得以集中，应该是利大于弊的事情。

钟老师说：对于学科不要看得太神秘，对于学科界限也不要看得太分明，这是"开放社会科学"传递的一个基本信息。有人说在心理学最发达的美国，也没有很正式的传播心理学的学科类别，但这似乎不能成为中国也不能有传播心理学的理由。中国人很重视传播、沟通、宣传，现实的状况或需求为什么不可以让中国有不同于西方的学科门类？

传播心理学的名称自有其意义，中国人甚至可以对传播心理学望文生义，从中文来解释什么是传播心理学。

从学科名称看，我们可以这样理解传播心理学：

"一个平台"	指传播心理学为我们提供了一个从事研究的可能。
"一个场所"	指传播心理学为我们提供了一种指示语，标示一个研究领域、一种共同兴趣。
"一个组织"	指传播心理学作为一个学科所具有的合法性和独立性，表明现有学科架构下的某种归属，从而获得学科体制的承认和相应的资源。
"一种共识"	指对传播是人的一种基本行为的共同理解，即传播学是人学。
"一种视角"	指的是开放的社会科学视角。
"一种方法"	指的是作为一门学科所拥有的研究方法。

传播心理学是什么？

（三）传播心理学的研究对象是什么？

1. 国内代表性观点举例

代表人	观点
刘京林	研究大众传播活动中传受者的心理及其行为规律；具体讲，研究因大众传播诸因素引起的传受者显在或潜在的心理和行为的形成、发展、互动等的特点与规律及传受者的生理和心理机制。
刘晓红、卜卫	对媒介从业人员的研究； 对受众的研究； 对传播过程的研究； 对传播后果的研究； 对传播研究方法的研究。

这两种说法针对的都是大众传播，这是目前传播学研究的重点，可"传播心理学"的名称显然比"大众传播心理学"的名称包含的内容要多。如果仅仅关注大众传播，有可能窄化传播心理学，因为传播是人类最普遍性的活动，而每一类传播现象也应该放到各种其他类别的传播现象中去比较才可以有深入的、切实的把握和体认。

2. 国外代表性观点举例

施拉姆："研究传播学其实就是研究人。"

这个观点好像是在说传播心理学，或者是在说传播的社会心理学。这反映了施拉姆对传播学与心理学关系的基本把握，他不仅自己为调整知识结构特意去做心理学的博士后，而且一直坚持传播学需要引入心理学等学科的理论和方法。

钟老师说：中文里的"传播心理学"，可以理解为对传播心理的研究，也可以理解为对传播的心理学研究，还可以理解为对传播与心理的关系的研究。在前两类研究中，对传播的心理学研究显然在领域上大于对传播心理的研究，如果再加上关系的研究，传播心理学腾挪的空间会更广阔。

人与人建立关系的基础就是人的心理互动，所以传播心理学研究的问题就可以是传播领域涉及的各种问题，只要这些问题可以用心理学的方式处理。

从关系的角度看，所有关于人的研究可以分成三大关系的研究：

人的研究的三大课题	人与自然的关系
	人与他人的关系
	人与自我内心的关系

三大关系可以归纳为两种主要关系：交换关系和契约关系。

以经济、婚姻家庭、语言、宗教、艺术等层面为例，可以看到这两种关系的一些具体表现：

	交换关系	契约关系
经济层面	物质产品的交换（如物物交换或以货币为媒介的交换）；还有劳务的交换（如换工制）。	买方与卖方的契约、合同。
婚姻家庭层面	有一种婚姻就叫交换婚，而买卖婚、服役婚等依然有交换的实质。	婚姻家庭，代表的依然是有关责任权利义务的契约。
语言层面	语言中字、词、句的互相展示，实现着意义的交换。	语言文字就是一系列人们约定俗成的符号。

| 宗教层面 | 人与超自然的交换,人类用牺牲来换回神灵的恩赐。 | 宗教信仰的基础就是人类假想的与超自然建立的契约。 |
| 艺术层面 | 艺术品只要有欣赏者,有接受者,交换就已经发生。 | 各种艺术表现都要借助大家公认的手法才可以理解。 |

早期的相关研究主要是人类学家做出的:法国人类学家莫斯(M.Mauss):《论馈赠》(《礼物》),讨论不同于市场经济的某种交换。法国人类学家列维-斯特劳斯(C.Levi-Strauss):人类婚姻交换理论认为,婚姻是若干群体间妇女的交换。

钟老师说:交换与契约是互为因果、相辅相成的,没有契约无法交换,而不为交换又何必契约。如果进一步概括,那就是传播或曰沟通。无论是交换还是契约,都是在传播(沟通)的基础上达成的。(参阅:钟年:《文化:越问越糊涂》,《民族艺术》,1999年第3期。)

传播心理学的追求是什么?

一个流行的说法是:传播心理学是交叉学科,是边缘学科。

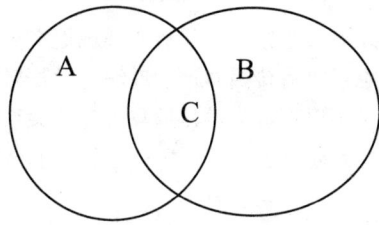

(A表示心理过程的领域,B表示传播过程的领域,C表示A和B交叉后重叠交汇的区域,则传播心理学的研究对象就是这个C。)

这个说法本来不错,连传播心理学的母体学科心理学本来也是交叉学科(哲学与生理学等)。但这样的说法有时会误导人,有时会局限人们的思维。缩小研究范围,可以提高效率,但由于传播现象和心理现象的复杂性,说到底是由于人的复杂性,这样一来会不会让我们变得越来越见树不见林,最终更难对传播现象和心理现象有深刻的认识?如果出现这种结局,那"交叉"岂不是越交越"差",分支则越分越"支离破碎",我们的学科也会落到无人垂青的真正"边缘"的地步?

传播心理学的母体学科 { 传播学
（曾属交叉学科、边缘学科或分支学科）
心理学

台湾传播心理学研究者钱玉芬的思路

她选取了"心理学是一门研究人类行为的科学"的说法，也就是关注个体或曰有机体（organism）在各种刺激（stimulus）下的反应（response），即"S→O→R"。而传播学中，拉斯韦尔也有一个"五个W"的模式，分别说的是传播者、传播讯息、传播媒体、阅听人、传播效果（Who → Say what → By what channel → To whom → With what effects）。她认为这两个部分可以结合起来，形成如下图的整合模式。这样一来，传播心理学就可以分成三大部分：传播心理学的刺激部分、传播心理学的个体部分、传播心理学的反应部分。（钱玉芬编著：《传播心理学》，台湾威仕曼文化事业股份有限公司，2007年，第1-9页。）

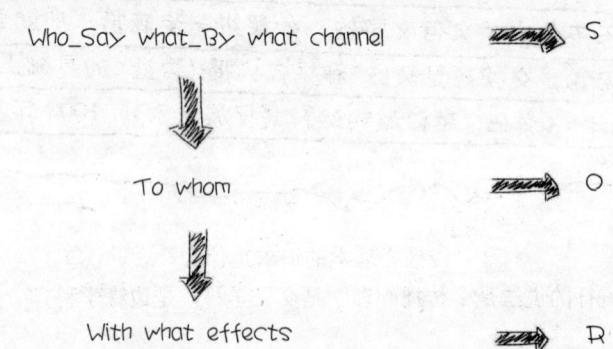

这种思路，避免了交叉、边缘或者分支会比原来的学科或领域更窄更小的担忧。这种思路接近于我们前面说的也可以将传播心理学理解为对传播的心理学研究。我们还提到，传播心理学又可以理解为对传播与心理的关系的研究，加上关系，传播心理学的路可以走得更宽。这正应了中国人的一句老话：关系重大。

3. 传播学奠基人的学科背景举例

简要分析拉斯韦尔和拉扎斯菲尔德与心理学的一些关系。

	与心理学的关系
拉斯韦尔	小时候曾得到他叔叔送的一本弗洛伊德（S.Freud）在克拉克大学的演讲集，这是童年期对他影响最大的书；在他的学术生涯中，曾结识沙利文（H.S.Sullivan）等精神分析方面的代表人物；与精神分析的关系，还使他成为政治心理学的创始者，他著有《精神病理学与政治学》。
拉扎斯菲尔德	在维也纳大学的时候就与心理学系来往密切并曾成为该系教员；曾与精神分析的创始人之一阿德勒（A.Adler）过从甚密；1925年他创办"经济心理学研究中心"，中年以后他常自称是心理学家。

4. 心理学创始人的学科背景举例

创始人冯特（W.Wundt）有着多种知识背景，主要是生理学、哲学，其他还有医学、物理学、语言学、宗教学、民族学、逻辑学、伦理学等。科学心理学的诞生，就是多学科的交叉。

传播学和心理学也曾遇到今天传播心理学所遇到的同样的问题，但最后的结果是，这两门学科都找到了各自的新天地。观照这两门学科的学科目标，不难推出传播心理学应该具有的学科目标。

心理学的学科目标

大约在1879年前后，冯特创建科学心理学的时候，主要倡导的是个体心理学或曰实验心理学，研究的是人类心理更靠近生理一端的内容，这些内容，可以看做是生理学与哲学的交叉领域。这一领域的研究取得许多成果，也很有发展前景，心理学史对此的评价极高。不过，因为是交叉，可以用生理学实验方法展开研究的，故而这一领域涉及的主要是低级的心理现象。或许冯特后来也有心理学会不会做得比母体学科更窄更小的困惑，这可能是促使冯特在其生命的最后20年倾全力去建构民族心理学体系的重要原因。在这里，冯特援引了人类学、民族学、语言学、宗教学、艺术学、历史学等学科的理论和方法来帮助心理学的构建。

对于冯特的民族心理学，以往的评价是不成功，似乎是浪费大好时光，有些类似于以前对爱因斯坦晚年设想统一场论的评价。但近年随着文化心理学（Cultural Psychology）的兴起，人们开始重新审视冯特晚年的工作和贡献。冯特自己对民族心理学的期望是"研究以人的团体一般的发展和有普遍价值的、共通的精神产物发生为基础的心理过程"，从中体现出来的正是对普遍的、共通的问题的关注。

附录：

冯特的民族心理学著作	10大卷《民族心理学——对于语言、神话和道德的发展规律的探讨》（1900年3月～1919年9月）
	《民族心理学纲要》（1912年）
	一册《民族心理学诸问题》论文集（1912年）

5. 传播心理学的追求到底应该是什么呢？

施拉姆在20世纪40年代出任衣阿华大学新闻学院院长开创其传播学事业的时候说过的话：

"我希望所看到的新闻学院将不会像其自身那般软弱，而是像这所大学一样强壮。不是一群教师和学生坐在这所大学的边缘地区，摆弄着他们的小玩意，在文章的第一段中拼凑着关于谁、什么、哪里和何时的情景描述——不是那样，而是一个处于这所大学的中心地带的学院，它会以这样的假设开始，即它所要造就的学生将是整个大学中最适合于理解和谈论他们所处的那个世界的学生。"

（[美]E.M.罗杰斯著、殷晓蓉译：《传播学史——一种传记式的方法》，上海译文出版社，2001年，第26页。）

这段话透露的正是传播学要脱离边缘迈入中心的勃勃雄心！

传播心理学应该有介入传播学和心理学的主流、思考主流问题的意识和雄心，应该能为主流不断提供新的概念、新的方法、新的理论。用开放社会科学的观点看，交叉和分支不是让自己变得更狭窄更琐碎，而是开辟了更广阔的研究领域，是冲击和摧毁原有的学科壁垒，是勾连起睽隔已久的各学科"兄弟"。

钟老师说，传播心理学要研究基于传播的独特的心理现象，也要发展出关于传播与心理的基本假说，还可以去检验传播学和心理学的普遍性理论。最好让传播心理学的概念、方法、理论等成为传播学、心理学及至更广泛的人文社会科学共同关心的话题。

四、传播心理学课程体系

本课程选择的是"主体"与"关系"的视角，尝试用主体与关系框架去建构一种传播心理学的体系。

在主体与关系的视野下，着眼于人类传播行为本身以及人类的传播行为和人类的种种心理的关系，将从两个层面展开讲述。并将在基础上结合中国传播心理学的发展历程，对传播心理学的发展提出展望。

传播心理学的课程内容安排

角度	内容	目标
传播和沟通现象本身	关键概念的探究（第二讲） 言语沟通（第三讲） 非言语沟通（第四讲）	介绍心理学对传播的基础研究，关注传播和沟通现象本身。
关系研究	自我传播与自我认识（第五讲） 人际沟通与人际关系（第六讲） 组织传播与群体思维（第七讲） 大众传播与大众心态（第八讲） 跨文化传播与文化认知（第九讲）	由近及远、自细而巨的关系研究，展示心理学在相关传播领域的贡献。
传播心理学研究的案例展示	从自我到文化（第十讲）	结合一个实例展示如何从各个传播类型的角度对传播现象进行全面的传播心理学的分析。

❓ 施拉姆关于传播学的表述像是在说什么学科？能否看到心理学的影响？例如心理学家勒温的影子？

钟老师说，这段对于学科的界定，如果不知道是施拉姆在说传播学，会让人以为这就是在说社会心理学。尤其是这段话的前半段，熟悉社会心理学的人可以发现与社会心理学的界定如出一辙。确实，在衣阿华大学时期，施拉姆正是被称为"社会心理学之父"的勒温学术圈子中的热心人物。

推荐阅读：
E.M. 罗杰斯著、殷晓蓉译：《传播学史——一种传记式的方法》，上海译文出版社，2001年。

拓展学习：
钟年：论传播心理学的几个基本问题——一种开放社会科学的视角，《现代传播》，2008年第2期。

第二讲 关键词

——传播、心理（学）、文化

本讲内容提要
关键词：传播
　　　　心理（学）
　　　　文化

关键词（keywords）是能够提纲挈领标明事物本质的核心词汇。
一方面，无论是传播学、心理学还是我们这里讨论的传播心理学，都应该可以选拔出一些关键词汇予以描述。另一方面，选择关键词的过程亦可视为一种研究，在当今学术界，关键词法已经成为一种重要的研究方法。

> 对词语的辨析、考释是古已有之的事情。在中国古代，有所谓考据学的研究，在西方，则有所谓经典学的研究（classical studies）。20世纪以来，德国学者舍勒（M.Scheler）、韦伯（M.Weber）、曼海姆（K.Mannheim）等人对知识、思想与社会文化关系的研究以及法国学者福柯（M.Foucault）的《词与物》、《知识考古学》和英国学者威廉姆斯（R.Williams）的《关键词：文化与社会的术语》等作品，更引发人们在一个宏阔的背景下去认识词语——既考虑词语与语境或上下文（context）的关系，也考虑词语形式及意义随着社会文化变迁而发生的更动，同时还包括对词语背后所牵涉的民族、种族、阶级、性别等等因素的追问。

钟老师说，思考传播心理学的相关问题，也不妨首先考察其关键词。传播心理学的关键词包括三个：传播、心理（学）、文化。

传播、心理（学）：这是"传播心理学"课程最关注的两个基本概念。
文化：无论是传播，还是心理，都深受所处文化脉络（或者说语境）的深刻影响。作为关于人的学问，传播心理学始终应该强调文化因素的重要影响。

第一节 关键词：传播

传播学对传播的各个要素和环节进行了深入的分析和研究，并由此形成了传播学传统学派的主要研究领域，如传者研究、媒介研究、内容研究、受众研究、效果研究等等。

传播的要素和环节	信源（传播者） 信息（内容） 通道（媒介） 信宿（接受者） 反馈（双向互动） 噪音（障碍） 背景（语境）

这些要素和环节中最基本的是传播者、内容和接受者。

传播者和接受者属于人的因素，内容则包含物质及其承载的信息两种因素。对传播的理解，可以从物质、信息与人三个基本要素入手。

此外，传播这个概念从中文字面意义看，包含时间上的传递，也意指空间上的扩散。因此，对传播的理解还需要考虑空间和时间两个维度。

一、物质、信息与人

（一）什么是传播？

简单地说，传播是一种活动，是一个过程。在传播过程中，至少存在两种"流"：物质流和信息流。

如何理解传播，需要把握三个关键性的因素，即传播活动赖以发生的物质条件（主要指媒介）、传播的内容（信息）、传播活动的主体（人）。

（二）物质流

人类面对的自然界是一个形式多样的物质世界，天上有日月星辰，地上有山川草木，在天地之间，则栖息着各种生灵。所有这些物质，都不是静止的。物质在运动，便构成了物质流。以人类是否介入为依据，物质流可表现为单纯的物质流或者兼具信息流的特征。

两种物质流

	有人类参与	无人类参与
物质流	当人类从物质中寻求意义时，物质流就可能同时还是信息流。	仅仅是单纯的物质流。

19

人在传播中的重要作用

毛泽东在《矛盾论》中指出:"人的认识物质,就是认识物质的运动形式,因为除了运动的物质以外,世界上什么都没有。"

中国的先哲说过,"天地之间,莫贵于人"。

物质的运动或曰物质流在遭遇人类以后其命运发生了巨大改变。人是自然的创造物,是自然界各种生灵中的一种,但他却不是普通的生灵。虽然对于"什么是人"这样的问题很难给出简洁明晰的解答,但可见的事实是,人类在经历了大约300万年的演化后,在自然世界之外又构筑了一个人文世界。

自然世界与人文世界

从这个意义上说,传播作为人类社会的一种活动方式,既表现为物质作为自然存在的运动特质,同时也表现为承载着意义的符号的流动。创造并使用符号正是人之所以为人的一个根本特征,德国哲学家卡西尔(E.Cassirer)在《人论》中就提出了这样的著名观点:人是符号的动物。

> 物质和物质流不单单是自然现象,而同时可以是符号,可以负载着意义。

(三) 信息流

信息这个词是当代社会使用得最多的词汇之一,信息论、控制论、系统论曾引发了人类社会一场深刻的革命。

	贝尔 (D.Bell)	托夫勒 (A.Toffler)	通俗易懂的说法
当代社会的性质	"后工业社会"《后工业社会的来临》	"第三次浪潮"(《第三次浪潮》)	"信息社会"

在信息社会,信息的生产、获取、贮存、加工、交换、消费等成了人类活动的第一要务。

1. 信息的定义是什么?

对于什么是信息,有很多种说法,维纳和申农的说法有一定的代表性。

代表人	维纳 (N.Wienner)	申农 (C.E.Shannon)
身份	控制论的奠基人	信息论的创始人
观点	"信息就是信息,不是物质,也不是能量。"(1948年)	以信息公式的方式定义:"信息是熵的减少",信息是"用来消除不确定的东西"。

此外,还有信息就是信号、信息就是数据、信息就是消息、信息就是情报、信息就是知识等说法。

> 我的理解:信息是作用于人类感觉器官的东西,是人类用语言、文字、数字、符号、图像、声音、情景、表情、状态等方式传递的内容。

2. 信息有何特性？

不同的信息定义，对信息特性的认识也会有差异。例如信息是可生成与再生成的、信息是可以处理的、信息是可以转换的等等。但可识别性和可感性是信息的基本特性。提出可识别性和可感性，信息就与人类和人类的心理世界建立起了联系。换句话说，没有了人类和人类社会，也就无所谓信息了。

信息的特性	含义
可识别性	有些信息可以通过人类的感觉器官（视、听、嗅、味、触等）直接识别；有些信息可以通过人类发明的各种探测手段间接识别。
可感性	能够为人的感觉器官所感知。

讨论了物质流和信息流，我们也可以从流动的观点来看待传播：接收与发送的不断循环往复，就是信息流，就是传播。

接收　发送

二、空间的穿行

人类传播的发展是一个不断突破时间和空间限制的过程，因此，空间性成为理解传播的重要维度，也是传播心理学关注的重要问题。

可借鉴人类学家的研究成果理解传播的空间性。

如何理解传播的空间性？

传播的空间性是人类学家特别关心的问题，因为人类学从一定的意义上说就是关于空间的学问，在这方面与人文地理学（今天还有文化地理学）有许多交集。曾经在该学科中产生过势力庞大的传播学派（以前翻译成"播化学派"，他们讨论的是文化的散播现象）。甚至产生了"泛埃及论"这样的极端论观点。

"泛埃及论"：一元论观点，认为全世界的文化都起源于古埃及，全人类在精神上都是"太阳的子孙"。

今天，空间传播依然受到人类学家的重视，每个人都在日常生活中享受着空间传播带来的种种好处。

多年前，美国人类学家林顿（R. Linton）在《人的研究导论》中用幽默的笔调虚构了一位美国公民的生活故事：

我们富有的美国公民早晨从床上醒来,这种床的制作样式发源于近东,在北欧改造过以后,才传到美国。他掀开床罩,床罩是用棉花做的,棉花是印度人种植的;或者是亚麻做的,亚麻是在近东驯化的;或者是绵羊的毛做的,羊也是在近东驯服的;或是用丝绸做的,而丝绸的使用是中国人发现的。所有这些材料都是用发明于近东的方法纺织的。他匆忙地穿上软皮拖鞋,这是由东部森林地带的印第安人发明的。他走进浴室,浴室里的装置是欧洲人和美洲人发明的混合物,两者都是现代的东西。他脱下睡衣裤,睡衣裤是在印度发明的。他用肥皂洗身,肥皂是古代高卢人发明的。然后他刮胡子,这种受虐待的习俗似乎不是源自苏美尔,就是源自埃及。

(转引自〔美〕克莱德·M.伍兹著,何瑞福译:《文化变迁》,河北人民出版社。)

林顿写上面这段话时,是20世纪30年代,这之后人类社会的传播更加突飞猛进、日新月异。许多事物经过无数次的创造、传播、再创造、再传播,人们已很难分辨其原始形态。人类学家所秉持的是大传播观,其视野并不仅仅划定在信息传播领域,在当今这样一个信息社会里,信息传播的空间性可以强调到无以复加的程度。任何一条信息产生后,只要人们愿意,就可以让它几乎在同一时间传递到世界的各个角落。

著名人类学家、也是跨文化传播研究的开拓者霍尔(E. Hall)对于空间、时间有精深的研究,提出过许多至今仍深有影响的观点,是传播心理学以及跨文化心理学、文化心理学的理论基石。

三、时间的跨越

时间的跨越既指传播技术的发展历程,也指这一过程中,人类如何逐渐克服时间的障碍,日益做到跨时间、同时间传播。

从媒介的角度来看传播发展,人类传播的历程通常被分为如下几个阶段:

非言语传播时代	用非言语符号进行的传播，占据了人类演化史的大部分时间。
口语传播时代	语言产生后用语言进行的传播，信息在容量、复杂性、准确性和精细性等方面，都远远超过非语言传播时代。
文字传播时代	人类的文字大约创始于5 000年前，它的产生是人类传播史上继语言之后的第二座里程碑。
印刷传播时代	印刷术发明后的传播。
电子传播时代	用电影、广播、电视、互联网、手机等电子媒介进行的传播。

理解：以上传播时代的划分在媒介使用上不是排他的，而是叠加的。在后面的时代，前一时代所用的传播媒介依然可用，故而人类传播的效率是在不断提高。现代社会的突出特征是电子传播，人类社会进入20世纪后的百余年来，广播、影视、互联网轮番扮演着时代宠儿的角色。

四、对传播的分类

沟通图（一种通俗的分类）

（图片来源：郭庆光：《传播学教程》，中国人民大学出版社，2011年，第75页。）

人可以通过语言、文字、姿态、装饰品、携带品、发型、服装、表情等媒介来表达自我，我们可以据此将传播分为语言传播、文字传播、姿态传播、表情传播等等。当然，传播学领域对传播有更为通行的分类方法，即以传播的主体（人的因素）为主要标准，结合传播所运用的媒介、传播所涉及的范围等将传播分为自我传播、人际传播、群体传播、大众传播、网络传播等基本类型。

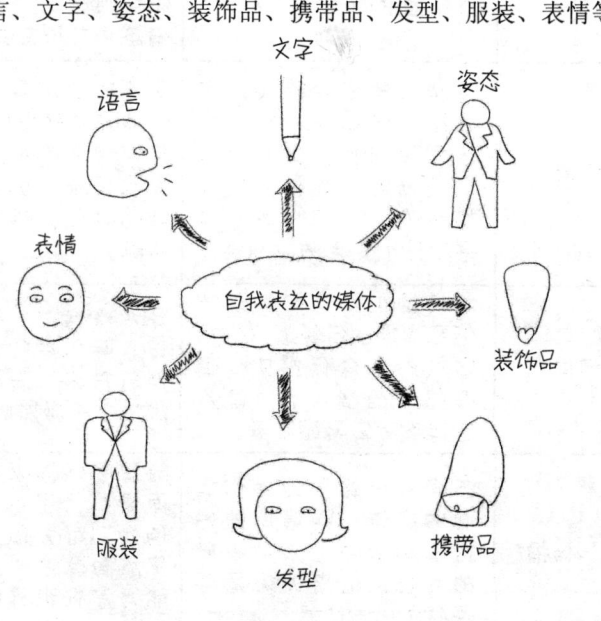

传播心理学的主要关切点不在媒体上，而是以人为枢纽、为核心，来考察自我、他人、传播、互动乃至文明、历史等关键概念。这就决定了对传播历程的划分要以人为本、以人类活动为转移，这与传播学领域通行的分类考虑是基本一致的。随着文化因素在当今世界的影响越来越大，使跨文化传播研究在传播心理学研究中占有重要地位。

传播类型的界定

传播类型	界定	备注
自我传播（内向传播）	人的自我信息沟通，是个体接受外部信息并在人体内进行信息处理的过程。是人类最基本的传播活动，是其他各种传播活动的基础。	主要形式就是心理学中所说的感觉、知觉、记忆、学习、思维、语言、想象等内容。虽然表现为个体的生理机制和心理机制，但由于个体在信息的输入和输出两端都与外部世界保持着连接，因此依然带有社会性的特点。
人际传播	个体与个体在互动中开展的信息交流活动，是最典型的社会传播活动，是人与人之间社会关系的直接体现。	主要功能是获得信息，满足人们基于人的社会性的精神和心理需求（例如情感沟通），并实现自我认知和相互认知。从社会的角度看，其意义在于建立形形色色的人际关系。
组织传播	人们在组织中进行的信息传播活动。	人是集群性动物，群体内必然会有传播，传播是群体组成的基础。组织是群体的一类，从结构上看它是偏于严密和正式的群体。
大众传播	专业化的媒介机构运用先进的传播技术和产业化手段向社会上一般大众展开的大规模信息传播活动。（今日的大众传播对这个定义的挑战？）	从人的立场看，大众传播较之组织传播是公开面对更大范围人群的（不是那种严密的、正式的群体）。从社会层面看，大众传播有监测环境、联络社会、传递文化、提供娱乐等功能。
网络传播	人们通过互联网实现的信息沟通。传统上我们把它放入大众传播中，但网络的迅猛发展，使人不得不对它另眼相看。	是大众传播、群体传播、组织传播与人际传播的结合体。不仅仅是一种新技术、新媒介、新工具，它还催生了一种新的生活。
跨文化传播	不同文化背景的人们之间的交流，即信息的发送者和接收者来自不同的文化，信息的流通要跨越文化的边界。	与国际传播领域有些重叠，但涉及面更广，可以讨论的问题也更多。例如：对文化多样性的尊重、克服民族自我中心、培养跨文化沟通的能力等在世界的各个角落都开始成为热门话题。

第二节 关键词：心理（学）

一、心理

中国人对"心"、"理"的理解

概念	理解	举例
"心"	不是指一种身体器官，而是指人的思想、意念、情感、性情、品行等等。	心心相印、心有灵犀、心口如一、心不在焉、心中有数、心甘情愿、心平气和、心灰意冷、心忙意乱、心花怒放、心神不定、心悦诚服、心旷神怡、心怀鬼胎、心照不宣、心领神会等等。
"理"	《说文解字》释"理"曰："理，治玉也。从玉，里声。"这里的"理"字是一个带动词词性的字。	"心理"这一词汇中的"理"字，应该取"道理、法则"之义，是一个带名词词性的字。

> 什么是心？

"心理"概念在我国的流变

刘勰《文心雕龙·情采》：

"是以联辞结采，将欲明理；采滥辞诡，则心理愈翳。"

这里"心理"的意义，指的就是心中包含的情理，就是人们的思想感情，与今日对"心理"的界说已颇为接近。

"心理"还是中国古代哲学中的概念。宋代哲学家陆九渊提出"心即理也"的哲学命题，明代哲学家王守仁进一步发展了这些思想，提出"心外无物、心外无事、心外无理"。王守仁《传习录》卷中："此区区心理合一之体，知行并进之功，所以异于后世者，正在于是。"这里的"心理"，说的是心与理，即主观认识与抽象原则。

近代以来，随着西方文化的传入，"心理"被用做西文 mind 的对译词，指的是感觉、知觉、记忆、情绪、思维、智力、人格等人们内心的活动过程及个性特征。

可见，今人所说的"心理"一词从形式和意义上皆与传统有相当大的继承关系！

二、心理学

以心理为研究对象的"心理学"一词是在近代才出现的组合词,用来指称在西方形成的一门近代学科,这门学科在英文中写做Psychology。

(一) 中文"心理学"的来源

中文"心理学"三字是如何来的,学者有不同的意见。研究外来语的专家认为这是一个外来词,是日本人先造出"心理学"这个词汇。然而也有人认为"心理学"这个词在中国出现不见得比日本晚。

"心理学"是个新词,但心理学思想的历史可以追溯到很久以前,例如中国的先秦时期和西方的古希腊时期,这是中西心理学史的研究者公认的事实。

(二) 西方近代心理学的诞生

时间	事件	备注
1502年	心理学作为一个专门术语出现。	一个塞尔维亚人马如利克首次用Psychologia这个词发表了一篇讲述大众心理的文章。
1879年	德国人冯特(W. Wundt)在入莱比锡大学四年之后,创立了世界上第一个心理学实验室,标志着近代意义上科学心理学的诞生。	"冯特是把心理学作为一门正式学科的'奠基者',也是心理学史上被称为心理学家的第一个人。"从此以后,Psychology便作为近代科学体系中一门学科的名称而广泛使用。

(三) 心理学在中国

> **心理学在中国**
>
> 中国对西方科学心理学或新心理学的了解始于20世纪初清政府兴办新教育制度,当时各种学堂章程中规定设立心理学课程。一门新学科的进入必然涉及对学科名称以及关键概念的翻译,中国人在翻译Psychology时尝试过不同的名称,例如"心灵学"、"灵魂学"、"精神学"等。Psychology最终没有选择"心学"、"心灵学"、"灵魂学"、"精神学"等名称,而用了"心理学"这三个字。
>
> 中国人最终选择了"心理"而非"灵魂"、"精神"、"行为"等来指称心理学的研究对象,恐怕与这门学科的名称较早地被确立为"心理学"有关。心理学的研究对象在中文中曾被称做"心灵"、"心意"、"心象"、"灵魂"、"精神"等。较早地选择了"心理学"这个译名,对"心理"这个称呼"一统天下"肯定十分有利。在构词法上,心理学与数学、文学、物理学、地理学、生物学、

历史学、社会学、政治学、人类学等相似，即由"研究内容"加上"学"字组合而成。最通俗的解释就是，"心理学"是研究"心理"的"学问"。

在中国人的认识中，"心"或"心理"的涵义是丰富的，但同时又是大家公认的。这些涵义包括：心是主体意识；心是天地万物的本原或本体；心是心理活动或心理状态；心是道德伦理观念。由此可见，"心"或"心理"在汉语中是包容性很强的词汇。心的涵义多样、广泛，对它的解释仁者见仁，智者见智。虽然各家各派对心的解释有歧义，但是对上述四种解释基本上是认同的。正是汉字意义的丰富性及清晰性，保证了中国人在对"心理"和"心理学"认识上的稳定性。

> 钟老师对中国心理学的发展史做过研究，发现心理学是近代中国知识分子的一个比较普遍的知识背景。

三、社会文化脉络下中国人对心理的认识

所谓社会文化脉络，说的是认识心理的语境。

心理学由于其研究对象的特殊性以及学科性质的边缘性，使得它与社会文化间的关系尤为盘根错节、千姿百态。而在中国，意识形态、历史情境、时代精神、权力结构乃至语言文字诸种因素的加入，则让"心理"和"心理学"成了比在其原产地更难说得清、道得明的话题。

世界上的心理学也在发展，甚至出现了不同的倾向。

科学主义心理学	人文主义心理学
科学主义心理学坚持自然科学的定位，主张以实验、实证、定量研究的方法来探究人类的心理和行为。	人文主义心理学坚持社会人文的倾向，不认为只能用实验、实证、定量研究的方法来探究人类的心理和行为。

所以，有人提出两种不同规范的心理学。

自然主义的心理学	"第二心理学"（Second Psychology）
把心理现象看成由感觉、观念、联结、反射或感觉运动图式组成的结构来进行分析。	把高层次的心理现象看做由语言、神话以及个体生活于其中的社会实践所形成的实体来展开描述。

分析：这只是一种形象的说法，如果说有"第二心理学"，那么前面的自然主义的心理学就是"第一心理学"了。简单地说，"第一心理学"讲的是普遍的道理，或者说个体不受生活于其中的社会实践的影响。"第二心理学"则持相反的观点。我们的态度是两种心理学不一定要对立，在目前的认识水平和研究手段下，如不能融为一体，则不妨各行其是，也许将来的某一天大家还会殊途同归。

提到"第二心理学"，对于中国的心理学研究或许不无意义。因为这种心理学的运思取向与中国人的思维方式颇有契合之处，可由此解读中文语境下的"心理"与"心理学"问题。文化心理学家近年研究发现，在注意和知觉模式上，中国人更关注环境、更喜欢探究事物间的关系；在解释模式上，中国人会将注意力集中到包括环境在内的更广阔的时空脉络。

世道与人心

一位多年研究中国人心理的学者将自己的著作命名为《世道人心》，在"序"里写道："世道"与"人心"原是中国人惯用的词汇，世道指一般的社会生活或风尚，人心则指人们的心理倾向或心理活动。用更浅白的现代话语来说，世道就是社会，人心就叫心理；世道人心也可以说是现今人们所称的"社会心理学"。

"世道人心"确实是一个表达中国人对心理认识的好词，需补充的是，"世道人心"也是一种思维方式，它强调结合"世道"来认识"人心"，也就是考虑社会文化背景来审视"心理"和"心理学"。钱穆先生讲中国心理学时特意拈出"天地良心"一词，认为"无此天地，无此良心。非此良心，亦将非此天地"。说的也是要结合"天地"（时空脉络）来把握人心。由此可见，汉语的字词便在生动地揭示着中国人独特的思维方式，而中国人对"心理"和"心理学"的理解也是结合"世道"、"时势"等因素在进行的。

总之，中国人的文化传统和思维方式影响到对"心理"和"心理学"名称的选择，而名与实的互动或曰语言、思维、实践之间的纠缠又使得心理学在中国有着独特的发展轨迹。

考察中文语境下的"心理"和"心理学"，可以看出中文以及中文背后所蕴含的思维方式自有其独特精妙之处，很值得认真总结和体味。

汉语的包容力或曰涵括力是很强的，尽管在心理学的发展过程中心理学的研究对象有灵魂、意识、心理、行为等诸多变化，但汉语"心理学"的称呼还是可以较好地含纳这些内容，这或许正是汉语的优势所在。更重要的是，中国人的思维方式倾向于将"人心"放到宏阔的社会文化脉络中考量，这提示着人们中国心理学对当代心理学可能做出的贡献。当然，每一种文化都会有自己的局限，也可能有自己的长处，相互补充的心理学应该是更好的选择。

小结

"心"或"心理"等词语在汉语中有相当长的历史，对这些词语的理解反映了中国人关于"心理"的认识。中文的"心"往往不是指一种身体器官，而是指人的思想、意念、情感、性情等，故"心理学"这三个汉字有极大的包容性。任何学科都摆脱不了社会文化的作用，中国心理学亦曾受到意识形态、科学主义和大众常识等方面的影响。从某种意义上说，中国人对"心理"和"心理学"的理解或许有助于心理学的整合，并与其他国家的心理学一道发展出真正的人类心理学。

第三节 关键词：文化

对于社会文化脉络下中国人对"心理"（或"心理学"）认识的讨论已触及文化问题。文化是什么，或许是一个越问越糊涂的问题。

文化："越问越糊涂"

近代中国学术史上，人们好几次对"文化"感兴趣，发生过对于文化的大讨论，可是，说清"文化"的难度绝不可低估。

在若干年前，著名学者庞朴先生在接受《光明日报》记者采访时透露，他曾向学界泰斗钱锺书先生请教什么是文化，钱先生答道："文化到底是什么？本来还清楚呢，你一问倒糊涂了！"如此看来，文化或许真是不问还清楚、越问越糊涂的难解词汇。

"文化"这样一个词，在当今中国，不仅是学术界，就是在一般的大众群体中，也是人们耳熟能详的语汇。所以，"文化"已经是一个日常词汇，人们

会不自觉地用日常的理解来感知文化。

从媒体上看，各种关于文化的说法满天飞，例如：

精神文化、物质文化、制度文化；

典籍文化、艺术文化、高雅文化；

口传文化、生活文化、民俗文化；

甚至茶文化、酒文化、烟文化、厨房文化、厕所文化，等等等等。

人们通常是怎样认识"文化"的呢？

最常见的两种通俗理解：

"文化"等同于文学艺术：行政机构中文化部、文化厅、文化局所管理的大致就是文学艺术这些内容。

"文化"等同于知识水平：日常生活里说某某有文化，主要就是指他学历高、知识多。

上述解释有一定的道理，都触及文化的某些方面，但离我们要讨论的文化还差得很远，可以看做是对文化的狭义的解释。当然，对文化广义的解释也有，在市面上一般性的工具书中，我们可以看到这样的解释："文化是人类在历史上所创造的物质财富和精神财富的总和。"

这样的界定，依然不太令人满意。例如"财富"二字，就带有价值判断，实际上人类文化中有许多不是财富的东西，人们不是常讲对传统文化要"取其精华、弃其糟粕"么？可见文化中是有糟粕的，可糟粕归糟粕，却不能否认它是文化。

文化界定虽难，也不是毫无办法。如何解读文化，周作人对"家"的解读方法或许可以借鉴。曾有报刊约周作人撰文谈家，周作人知道"家"是一个"大不容易"谈清的问题。就投机取巧用"家之上下四旁"为题讨论了与家密切相关的一些事项（详见周作人《家之上下四旁》）。

学术界的看法

"文化"在学术界也是热门词汇，哲学、文学、历史学、社会学等领域都充斥着对文化的讨论。我们这里主要涉及两个学科对文化的认识，一是人类学（Anthropology），这是文化研究的发源所在；二是心理学，因为我们讲的是传播心理学的课程。当然，无论是哪个学科，一般都少不了先谈谈概念的来源。

（一）溯源法

在中国文化背景下，从汉语中"文"和"化"这两个常用词汇的辨析入手，追溯"文"与"化"较早的并联使用。

来源	相关内容
《易传》	"观乎人文,以化成天下"
《说苑·指武》	"凡武之兴,为不服也,文化不改,然后加诛"
《文选》	"文化内辑,武功外悠"

(二) 中西方文化背景下对文化的理解之比较

中国文化背景中"文化"的含义	西方文化背景下"文化"的含义
"文治"和"教化",或曰"以文教化",关乎个体或群体的培养和教育。	culture来源于拉丁文cultura,原意为"耕作、培养",不仅指土地的耕耘,还包括培育植物、饲养动物,延伸意义有对人类生活的照料、心智的培养等。

可见,中外对文化的理解有共同成分,即都是指与自然相对的内容,都是指人们在后天获得的东西。

(三) 人类学家对文化的理解

在人类学家眼中,人类被视为是拥有文化的动物,这就将文化推到了前台。

美国的著名人类学家克罗伯(A.L. Kreober)和克拉克洪(C. Kluckhohn)在1952年曾列出100余种由人类学、社会学、心理学等学科的学者所界定的有影响的文化定义。经过他们的分析,这些定义按其着重点大致分为六类。

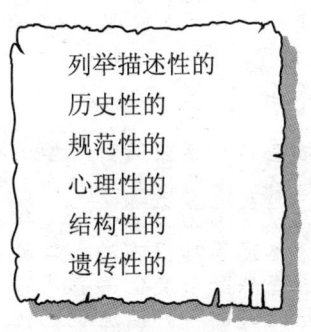

> 列举描述性的
> 历史性的
> 规范性的
> 心理性的
> 结构性的
> 遗传性的

人类学中还有一个专门从文化角度研究人类所习得的各种行为的学科叫文化人类学(Cultural Anthropology),它研究人类文化的起源、发展变迁的过程和世界上各民族各地区文化的差异,试图掌握人类文化的性质及演变规律。

人类学中代表性的文化定义举例

代表人	对文化的定义	分析
英国的泰勒 (E.B.Tylor)	文化（culture），或文明（civilization），就其广泛的民族志意义来说，是包括全部的知识、信仰、艺术、道德、法律、习俗以及作为社会成员的人所掌握和接受的任何其他的才能和习惯的复合体。（泰勒：《原始文化》，上海文艺出版社，1992年。）	这大概是最早从科学意义上对文化的界定。在泰勒的定义中，凸显了文化的项目或曰构成（知识、信仰、艺术等），注意到了文化的共享性和习得性，更重要的是指出了文化的整体性，这一点为后世多数学者所赞同。
美国的克罗伯 (A.L.Kroeber) 克拉克洪 (C.Kluckhohn)	文化是各种显型的或隐型的行为模式，这些行为模式通过符号的使用而习得或传授，构成包括人造事物在内的人类群体的显著成就；文化的基本核心包括传统的（即由历史衍生及选择而得的）观念，特别是与群体紧密相关的价值观念；文化体系既可看做人类活动的产物，又可视为人类作进一步活动的基本条件。（克罗伯、克拉克洪：《文化：一个概念的评述》，1952年。）	将文化确定为行为模式，显然是受了心理学中行为主义（Behaviorism）的影响；谈到显型和隐型，则可以窥见精神分析和结构语言学的影子；强调传统的观念，又表现出对历史的尊重。这个定义因其综合的性质，也因克罗伯等人在人类学界的地位，产生了巨大而且长久的影响。

(四) 心理学家对文化的理解

心理学家并没有提出像人类学家那样广泛流传的文化定义，但文化与人类心理有关、文化的核心是心理的观念却得到普遍赞同。

1938年，中国著名人类学家、社会学家吴文藻写作《论文化表格》一文，其中谈道："总括地说，一切精神现象都是心理现象。凡关于生活习惯的情操态度，或关于发明发见的心思才智，以及思想和信仰等等质素，都是最显著的心理形式。我们根据'心理即是精神'的解释，可以说文化的来源是个人的，故其本质乃是心理的。"

心理学家看文化自有其角度，这或许可以帮助人们更好地认识文化。

几种心理学家常常采用的界说方式：

1. 行为模式
2. 认知体系
3. 无意识结构
4. 价值观
5. 认同

可依此造句，得出心理学家的文化定义。例如：

"文化是社群共享的行为模式"

"文化是人们拥有的一整套认知系统"

"文化是大众共享的无意识结构"

上面几种界说，如果要进一步归类，可以这样表述：一是外与内，形诸举手投足、言语表情的是"外"，发乎于脑、藏之于心的是"内"；二是有与无，能够意识到的为"有"，难于意识到的为"无"。说到底，文化在很多时候恐怕还是"无"的成分占得多些。

有人提出，人类的文化是可以分层的：

文化 { 物质层面的文化
       行为层面的文化
       制度层面的文化
       心态层面的文化
       ……

人类的心理也是可以分类的，例如心理学中常见的知、情、意的三分法。

钟老师以心理学中知、情、意的三分为基础，提出文化是"人类的思维背景、人类的情感家园、人类的行为依据"。这种说法在某种意义上可以说是对文化的界定，也算是对文化的结构划分，或是对文化的功能说明。

从与心理学的关系角度考虑，我们可以思考媒介与思维的关系：不同时代，不同媒介，人们的思维方式有什么不同？或者说，人类的思维会因媒介的变化而发生变化吗？

答：对这个问题，传播学学者也进行了思考，加拿大传播学者麦克卢汉、英尼斯等有精彩的分析。麦克卢汉认为不同的媒介发展状态决定了社会发展的不同历史时期，并据此将人类社会划分为部落化时代（口语传播时代）、去部落化时代（印刷传播时代）、重新部落化时代（电子传播时代），不同时代的媒介决定了那个时代的特点，包括思维的特点。英尼斯则提出，不同的媒介有不同的偏倚，偏倚时间的媒介在某种意义上是个人的、宗教的、商业的、特权媒介，强调传播者对媒介的垄断和在传播上的权威性、等级性和神圣性，但不利于对边陲地区的控制，偏倚空间的媒介是一种大众的、政治的、文化的、普通媒介，强调传播的世俗化、现代化和公平化，故它有利于帝国扩张、强化政治统治、增强权力中心对边陲的统治，也有利于传播科学文化知识。相关观点体现在《传播的偏倚》、《帝国与传播》等著作中。

拓展学习一：钟老师文章
中文语境下的"心理"和"心理学"
文章来源：《心理学报》，2008年第6期。

拓展学习二：钟老师文章
文化、文化结构与文化心理
文章来源：《人文论丛（2003年卷）》，武汉大学出版社，2003年。

第三讲 言语沟通

本讲内容提要
什么是言语沟通？
言语符号的特点
心理学关于言语沟通的研究
应用部分：说服及其他

> **沟通的分类**
>
> 根据不同的分类标准，传播（沟通）可以有多种分类方式，例如：
>
> 言语沟通—非言语沟通
> 正式沟通—非正式沟通
> 垂直沟通—平行沟通
> 单向沟通—双向沟通
> 口头沟通—书面沟通
> 现实沟通—虚拟沟通
> ……
>
> 其中，最基本的也是最常见的分类还是将沟通划分为言语沟通和非言语沟通。人们最容易想起来的沟通是说话，也就是语言，所以，在不太严格的意义上，言语有时候也叫做语言，因此上述分类也可称为语言沟通和非语言沟通。

第一节 什么是言语沟通？

一、定义

使用语言符号进行的沟通活动，言语沟通是人类最基本的传播形式。言语沟通既包括以语言符号进行的口头传播，也包括运用以文字形式进行的书面沟通。汉语中的"语文"强调的正是语言和文字两种沟通的方式。一方面，心理学既研究文字沟通，也研究口语沟通，探索如何可以更有效地传递信息。另一方面，心理学也会将很多的注意力放在对言语沟通的种种障碍的研究上，目的是从反面找到有效进行言语沟通的方法。以上种种研究的成果，可以形成言语沟通的一些技巧。

中国关于言语沟通的研究与讨论

(1) 20世纪前期的"半字识别"研究

中国的心理学家很早就关注到言语沟通问题。例如20世纪前期的"半字识别"研究。文字的识别可以分为整字识别和半字识别，汉字的半字识别状况如何，这是中国心理学家关心的问题，这项研究算得上是极早的认知心理学工作。中华心理学会的首任会长、中国心理学的早期代表张耀翔先生，在1931年就进行了识字测试研究，这是言语沟通应用方面的早期努力。还有我国著名心理学家陆志韦先生、唐钺先生等，都是既精通心理学又旁涉语言学领域的通才，他们的工作在心理学界和语言学界都有广泛的影响。

(2) 汉字的"简繁之争"

随着大陆与港台乃至海外华人交往日益增多，繁体字又出现在大陆民众的视野，关于繁体字好还是简化字好的议论浮出水面。

2009年，中国人民政治协商会议委员潘庆林在3月初举行的"两会"上提议说："应该在今后10年内完全废除简体字，恢复使用繁体字。"从而点燃了"简繁之争"的战火。中国社会科学院还举行了"简体字和繁体字"论坛，双方就改变13亿人使用的汉字字体的问题展开了激烈的辩论。争论的焦点是：汉字的字体是恢复到流传数千年的繁体字，还是进一步加强繁体字的省略形式——简体字？这就是所谓的"简繁之争"。

<u>分析：这场争论，支持者和反对者双方都承认一点，那就是汉字问题不仅仅是一个符号问题，"简"和"繁"背后涉及文化、经济乃至政治的原因。</u>

老师说，如果用心理学的视角来看上述问题，答案恐怕还是简化字更好用。认知心理学指出，人是认知的吝啬鬼，偏爱简单而讨厌复杂，简体字正迎合了人的这个特性。其实，简化字不是现在才有的，是古代人在实际书写时就开始运用的。鉴于汉语繁体字包含了许多文化信息，语言学专家早就提出了合理的解决方案——识繁写简。

(3) 汉语的独特魅力

汉语确实有其独特的魅力。赵元任创作的前无古人的文字妙品——《施氏食狮史》诠释了这一点。

语言学大师赵元任先生1930年写了一篇文章，限制性地使用一组同一读音但字形不同的汉字来行文，全文共92个字，每个字的普通话发音都是"shi"。这篇文章用口语无法直接准确表达意思，只能用书面语才说得清楚。

"石室诗士施氏，嗜狮，誓食十狮。施氏时时适市视狮。十时，适十狮适市。是时，适施氏适市。氏视是十狮，恃矢势，使是十狮逝世。氏拾是十狮尸，适石室。石室湿,氏使侍拭石室。石室拭，氏始试食是十狮。食时，始识是十狮，实十石狮尸。试释是事。"

<u>赵先生用这篇文章说明汉字及汉语书面语的功能——以形表意。也就是说，汉字作为一种言语符号媒介，是一种音、形结合的媒介，符号形式本身有重要的表意功能。</u>

二、言语沟通符号的发展

言语沟通符号也在不断的发展变化中,人类的创造力总要寻找挥洒的空间。当今世界,随着科技的进步、文化的交流,各种各样新奇的语言符号层出不穷。

火星文

"火星文"是互联网上流行的一种特殊"语言"。随着互联网的普及,是年轻网民或为方便或为彰显个性,大量使用同音字、音近字、特殊符号来表音表意,形成的一种文字表达方式。由于这种文字与日常生活中使用的文字相比有明显的不同并且文法也相当奇异,所以被称为"火星文",意指地球人看不懂的文字。"火星文"这种称法最早出现于中国台湾,随即流行于中国香港、大陆和海外华人社会,成为中文互联网上的一种普遍用法,并逐渐向现实社会中渗透。

如:

我爱我ㄉ家人。("ㄉ"应为"的")

ㄋ们好ㄚ!("ㄋ"应为"你";"ㄚ"应为"啊")

酱很好阿!("酱"表示"这样"的合音;"阿"应为"啊")

表这样做!("表"表示"不要"的合音)

偶口以跟你作朋友吗?("偶"应为"我",此为台湾国语发音,故成"偶";"口"应为"可")

3Q("3Q"为英文"Thank you"的相似音)

1切斗4幻j,↓b倒挖d!(一切都是幻觉,吓不倒我的!)

"火星文"带给我们什么样的启示?<u>语言不仅仅因时间、空间而变,在使用过程中,它还会因为使用媒介的不同而改变,更会因为使用者而发生变化,以适应沟通者的特殊需要。</u>

三、关于言语沟通的研究

除传播学、心理学关注言语沟通问题外,现在还有许多学科关心语言的话题,例如关键词(key words)的研究。不同学科关键词研究举例。

作者	作品
法国拉法格(P.Lafargue,1842—1911)	《革命前后的法国语言——关于现代资产阶级根源的研究》
法国福柯(M.Foucault)	《词与物》、《知识考古学》
英国威廉姆斯(R.Williams)	《关键词:文化与社会的术语》

第二节　言语符号的特点

> 言语符号的特点
> 言语符号有许多特点，从传播学的角度看，主要包括三方面：
> $$\begin{cases} 约定性 \\ 抽象性 \\ 多义性 \end{cases}$$

一、言语符号的约定性

指言语符号的音义联系并非是本质的、必然的，而是由社会成员共同约定的，一种意义为什么要用这个声音形式，而不用那种声音形式，这中间没有什么道理可言，完全是偶然的、任意的。语言符号的形式对于语言符号的意义而言，是任意的，人为规定的，没有逻辑联系，不可论证，不可解释，其根源就在于语言是社会性的，是社会的产物，是社会现象，是由一定的社会决定的。

> **语言学家赵元任先生讲的一个笑话**
> 从前有一个老太婆，初次跟外国人有点接触，她就稀奇得简直不相信。她说："他们说话真怪，明明是五个，法国人偏偏要说三个（Cinq 法语'五'音，像中文的'三'）；明明是十，日本人偏偏要说是九（ジュウ）；明明是水，英国人偏偏要说是窝头（Water）。"
>
> **分析**：这说明语言符号是约定的，具有任意性、差异性，这种约定性放到世界文化范围就十分清楚了。
>
> **造句的例子**
> 造句不仅是一种语文练习，也是心理学的一种测试方法，例如自我心理学的测试"我是谁"（Who am I）就是造句测试。可以根据被试造的句子进行投射的研究。大家造的句子可能会有很奇怪的结果，依然是理解的不同。
> 下面是网络中流传的笑话，据说是小学生的造句练习，这些句子之所以好笑，都是因为违反了本节所说的语言的约定性。
> 题目：其中
> 小朋友写：我的其中一只左脚受伤了。
> 老师批语：你是蜈蚣吗？
> 题目：陆陆续续
> 小朋友写：下班了，爸爸陆陆续续地回家了。
> 老师批语：你到底有几个爸爸呀？

题目：难过
小朋友写：我家门前有条水沟很难过。
老师批语：老师更难过。
题目：况且
小朋友写：一列火车经过，况且况且况且况且况……
老师批语：气死我算了。
题目：欣欣向荣
小朋友写：欣欣向荣荣求爱。
老师批语：连续剧不要看太多了！

不仅仅是词汇，语法也是如此。例如这样的句子"中国队大胜美国队"、"中国队大败美国队"，中国人看了都明白，但是我们设想一个美国人看了会如何理解？所以，所谓语法，也只是对某种特定语言的规律的总结，换了另一种语言，就没道理可讲了。

二、言语符号的抽象性

抽象是从众多的事物中抽取出共同的、本质性的特征，而舍弃其非本质的特征。语言是由具体事物产生的，但它却是具象上的不断抽象，这是精练、概括的要求，人们会根据不同的场合使用不同抽象层次的语言。例如"松树"—"树"—"植物"—"生物"等就是不同层次的抽象。

曾获利策大奖的道格拉斯·霍夫施塔特的名著《GEB——一条永恒的金带》中，作者给出了如下不同层次的抽象。

(1) 一个出版品；
(2) 一份报纸；
(3) 《旧金山纪事报》；
(4) 5月18日的《旧金山纪事报》；
(5) 我的5月18日的《旧金山纪事报》；
(6) 我首次捡起时的我的5月18日的《旧金山纪事报》（而现在则不是我的了，因为我在几天后丢进火炉里烧了）。

抽象涉及言语符号的内涵外延，不同文化就不一样。有时看起来一样的词汇，大家所赋予的意涵却不一定相同。就是对"文化"这个概念本身，大家的抽象概括也不一样，造成了文化讨论"越问越糊涂"的困境。

（1）空间差异：狗是狗吗？

英文中有个词 dog，翻译成中文是"狗"，从字面上看，好像没有什么问题，但真的如此吗？

在美国文化的语境中，dog 可以是夸奖人的话，可用来夸孩子，dog 往往被视为是家庭成员的一分子。

在中国文化的语境中，"狗"虽然可以与主人关系亲密，却毕竟被视为畜生，与人类不在同一个层次，"狗"通常不是一个夸人的词汇，而是一个骂人的词汇。

分析：言语符号具有抽象性的特征，但在具体语境中有具体的含义。因此，如何理解意义需要参照语境。特别是在高语境文化中，言语符号的含义往往来自语境中。所谓"高语境"(high context)，就是锣鼓听声，听话听音，话中有话，言近旨远，微言大义。不仅如此，由于存在言语符号的使用者存在个体差异、符号本身的抽象性、过度概括性也可能导致含义的混乱不清。

（2）难懂的哲学著作

哲学著作因其抽象程度颇深读起来相当费力劳心，例如下面这两段话，是一本哲学著作的开头部分。

究竟为什么在者在而无反倒不在？这是问题所在。这问题恐怕不是个普普通通的问题。"究竟为什么在者在而无反倒不在？"显然这是所有问题中的首要问题。这个首要，当然不是时间序列上的首先。在时间性的历史进程中，个人也好，民族也好，询问的东西很多很多。因此，在遇到"究竟为什么在者在而无反倒不在？"这个问题之前，已经有多种多样的东西得到了昭示、探究和考察。不过，绝大部分人根本就不会遇上这个问题，因为所谓遇上这个问题，并不仅仅意味着这问题作为问句被说出来让人听见和读到，而且是说，对此问题提问，亦即：使问题得以成立，使问题得以提出，迫使自己进入这一发问状态中。

然而，每个人都会，甚至或许还会不止一次地，为这个问题晦蔽着的威力所掠过，却不明白是怎么回事。譬如，在某种完全绝望之际，当万物消隐不现，诸义趋暗归无，这个问题就浮现出来了。也许只出现一次，犹如一声浑沉的钟声，悠然入耳，发出缓缓的回音。在某种心花怒放之际，这个问题就来临了，因为这时，所有的一切都变了样，仿佛就像它们是第一次出现在我们周围。这时，仿佛我们更可能把握的是其所不是，而不是其所是及其如何是。在某种荒芜之际，这个问题就来临了。这时，我们既非绝望也非狂喜，但在者冥顽地习以为常扩展着某种荒芜，在这荒芜中，在者存在或不存在，这对我们似乎都无所谓。

（[德]海德格尔：《形而上学导论》，熊伟、王庆节译，商务印书馆，1996年版。）

这两段文字，从文字符号来看，都认识，但其含义是什么？能说清楚吗？为什么？

三、言语符号的多义性

不同空间言语符号的意涵可能不一样，即便是同一空间，言语符号也并非只有固定的意涵。歧义、双关等说的就是这类现象。多义性既有历史的、地理的等等，也有个体差异的因素，人们的编码可能有个人风格，解码也可能有个人特点。

所以，"标准答案"本来就可能是一场误会，多样性的世界中很难有标准答案。

从中国传统文化中的对对子看多义性

对联又称楹联或对子，是写在纸、布上或刻在竹子、木头、柱子上的对偶语句，言简意深，对仗工整，平仄协调，是一字一音的中文语言独特的艺术形式，是中华民族的文化瑰宝。

对联也有标准答案，旧时童蒙读物中有很多这样的作品，儿童将其熟记于心帮助自己作对子。

如：

《笠翁对韵》

天对地，雨对风。大陆对长空。山花对海树，赤日对苍穹。雷隐隐，雾蒙蒙。日下对天中。风高秋月白，雨霁晚霞红。牛女二星河左右，参商两曜斗西东。十月塞边，飒飒寒霜惊戍旅；三冬江上，漫漫朔雪冷渔翁。

不过，真正的好对子往往不是标准答案。汉语中有一种无情对，只讲究上下联字词相对，至于内容则各讲各的，绝不相干，使人产生奇谲难料，回味不尽的妙趣，这里运用的恰恰是语言多义性的特征。

相传明成祖朱棣曾对文臣解缙说："我有一上联'色难'，但就是想不出下联。"解缙应声答道："容易。"朱棣说："既说容易，你就对出下联吧。"解缙说："我不是对出来了吗？"朱棣愣了半天，方恍然大悟。

1932年，清华大学国文考试，陈寅恪先生出了一个对对联的题目，上联是"孙行者"。标准答案是"胡适之"。后来张政烺先生说，标准答案应该是"祖冲之"，对"胡适之"的"胡"字，跟"孙行者"的"孙"字平仄不协（都是平声）。

第三节 心理学关于言语沟通的研究

一、乔姆斯基与心理语言学

（一）乔姆斯基简介

> 乔姆斯基（Noam Chomsky, 1928—），美国语言学家，转换—生成语法的创始人。1928年12月7日出生于美国宾夕法尼亚州的费城。1947年，在哈里斯的影响下开始研究语言学。1951年在宾夕法尼亚大学完成硕士论文《现代希伯来语语素音位学》，1955年又在该校完成博士论文《转换分析》，获得博士学位。

（二）心理语言学

心理学中一直有研究语言的传统，冯特1879年创立心理学之时，语言、思维都在其视野之内，其皇皇巨著《民族心理学》就专门讨论了语言问题。后来心理学中行为主义的巨擘斯金纳又专门写作《言语行为》，将心理学的语言研究推到前台。

在语言与思维的研究中，乔姆斯基在学术界的影响无疑最大。

乔姆斯基将语言学与心理学相结合所创立的心理语言学，可以说是认知心理学的一个分支。

> **认知心理学简介**
>
> 认知心理学是20世纪50年代中期在西方兴起的一种心理学思潮，20世纪70年代开始成为西方心理学的一个主要研究方向。它研究人的高级心理过程，主要是认知过程，如注意、知觉、表象、记忆、思维和语言等。与行为主义心理学家相反，认知心理学家研究那些不能观察的内部机制和过程，如记忆的加工、存储、提取和记忆力的改变。
>
> 以信息加工观点研究认知过程是现代认知心理学的主流，可以说认知心理学相当于信息加工心理学。它将人看做是一个信息加工的系统，认为认知就是信息加工，包括感觉输入的编码、贮存和提取的全过程。按照这一观点，认知可以分解为一系列阶段，每个阶段是一个对输入的信息进行某些特定操作的单元，而反应则是这一系列阶段和操作的产物。信息加工系统的各个组成部分之间都以某种方式相互联系着。随着认知心理学的发展，这种序列加工观越来越受到平行加工理论和认知神经心理学的相关理论的挑战。认知心理学也是心理学与邻近学科交叉渗透的产物。

（三）乔姆斯基关于语言习得的研究

<u>语言习得</u>（Language acquisition device）：乔姆斯基指出，人类天生具有一种适合于语言学习的"语言习得机制"。这种语言习得机制剥离人类其他功能而独立存在，其最终目的是使语言规则（即普遍语法）内化。

关于语言习得，20世纪70年代中期正当盛年的乔姆斯基与晚年的皮亚杰（当时世界上最著名的儿童心理学家）有过一场引人注目的辩论，简单地说，乔姆斯基的学说偏于先天主义，皮亚杰的学说偏于建构主义。

二、语言对认知、理解的影响

语言习得问题之外，是语言认知方面的研究。

语言对人们的影响不可小觑。

（一）标签效应

罗斯贝特和比瑞尔（Rothbart & Birrell）关于标签效应的研究（1977年）

罗斯贝特和比瑞尔做过一个研究，让大学生看同一位德国男性的照片。一组被试被告知这是"二战"中杀害过很多犹太难民的纳粹军官，另一组被试被告知这是拯救过很多犹太人的反纳粹地下运动领导人。

任务——评价面部表情。

结果——第一组看到"冷酷无情"，第二组看到"仁慈坚毅"。

这就是社会心理学讨论的"标签效应"。

社会上的标签效应

(1) 当今社会也常常遇到标签效应，例如名称：

小姐

卖淫女

失足女

性工作者

不同名称，联想如何？

(2) 2010年12月11日，公安部治安管理局局长刘绍武在公安部工作会议上表示，"以前叫卖淫女，现在可以叫失足妇女。特殊人群也需要尊重。"

分析讨论：需要改吗？改得好吗？依据是什么？

心理学对姓名的研究发现：人的姓名是留给别人的第一印象，好念、易记、意义积极等还是必要的；姓名往往出现自我实现预言，相声大师马三立就回忆"三立"这个名字时时激励他进步；研究表明老师批改作业、老板提职加薪等都可能受姓名的影响；所以，姓名是人们某种意义上的通行证。

有一届参加殿试的贡士中有个叫王国钧的，慈禧太后觉得该名读音与"亡国君"相谐，不吉利，就把人家的名次大往后移。

当今的新闻事件："小伙因名字女性化三次失业"，见于2010年6月28日，长春《城市晚报》，小伙子的名字叫"梁晶晶"。

课堂心理学实验

你愿意和下面的美眉约会吗？

张勇、李刚、刘强、王壮、牛犇、石坚、胡传魁、薛霸、童大山、周大柱、刁二狗……

没有男生愿意回应。

你愿意和下面的女性约会吗？

江雁容、樊如冰、李梦竹、婉君、方依依、胡茵茵、可柔、诗卉、宛露、方丝萦、章含烟、夏迎蓝、陆依萍、康梦凡、芊芊、白吟霜、乐梅、新月、雪珂、紫菱、绿萍、夏梦寒、雨凤、雨鹃……

这里都是琼瑶作品中的名字。男生纷纷举手。

老师说：前面是"美眉"，后面只说"女性"，没说漂亮啊。

（二）框架效应

框架效应（frame effect）是指对一个问题的两种在逻辑意义上相似的说法却导致了不同的决策判断。

从经济学的角度来说，就是当消费者感觉某一价格带来的是"损失"而不是"收益"时，他们对价格就越敏感。经济决策的理论历来认为，人从根本上来说是理性动物。

然而，人类在许多方面有非理性的特征，其中最引人注目的例子就是所谓的"框架效应"，在这一效应下，以肯定或否定的方式做出一种选择对后来的选择具有戏剧性的影响。研究者发现来自决策系统中的情绪偏爱的整合是框架效应产生的潜在原因。

心理学关于框架效应的研究

（1）哪个加油站更吸引人？

在加油站A，每升汽油卖5.60元，但如果以现金的方式付款可以得到每升0.60元的折扣；在加油站B，每升汽油卖5.00元，但如果以信用卡的方式付款则每升要多付0.60元。

结果，多数人选择了A加油站。

其实稍微思考一下，就会发现两个加油站是一样的。

（2）经典案例：特维斯基（Tversky）和卡尼曼（Kahneman）的"亚洲疾病问题"实验

获2002年诺贝尔经济学奖的心理学家卡尼曼与他的合作者做过大量框架效应的研究。想象美国正准备对付一种罕见的亚洲疾病，预计该疾病的发作将导致600人死亡。现有两种与疾病作斗争的方案可供选择。假定对各方案所产生后果的精确科学估算如下所示，你会赞同哪一个方案？

情景一：对第一组被试叙述下面情景：

如果采用A方案，200人将生还。

如果采用B方案，600人中有1/3的机会将生还，而有2/3的机会将无人生还。

情景二：对第二组被试叙述同样的情景，同时将解决方案改为C和D：

如果采用C方案，400人将死去。

如果采用D方案，600人中有1/3的机会无人死去，而有2/3的机会将死去。

结果：

情景一：对第一组被试（N=152）叙述下面情景：

如果采用A方案，200人将生还（72%）；如果采用B方案，有1/3的机会将生还，而有2/3的机会无人生还（28%）。

情景二：对第二组被试（N=155）叙述同样的情景，同时将解决方案改为C和D：

如果采用C方案，400人将死去（22%）；如果采用D方案，有1/3的机会无人死去，而有2/3的机会将死去（78%）。

分析：实质上情景一和二中的方案都是一样的，只是改变了一下描述方式而已。但也正是由于这小小的语言形式的改变，使得人们的认知参照点发生了改变，由情景一的"收益"心态到情景二的"损失"心态。即是以死亡还是救活作为参照点，使得在第一种情况下被试把救活看做是收益，死亡看做是损失。不同的参照点人们对待风险的态度是不同的。面临收益时人们会小心翼翼选择风险规避；面临损失时人们甘愿冒风险倾向风险偏好。因此，在第一种情况下表现为风险规避；第二种情况则倾向于风险寻求。需要注意的是这里的收益和损失全是以认知参照点为依据的，参照点不一样，人们决策的方式也不一样。

"框架效应"告诉我们：在人际沟通中，关键不在于说什么，而在于怎么说。

框架效应的案例

（1）津巴多在《心理学与生活》中讲到框架效应时说了一个"祈祷时抽烟——抽烟时祈祷"的故事：

有这样一个小伙子，平时烟瘾很大，就连礼拜天上教堂做礼拜那段时间也忍不住。但教堂里有规定，在教堂内不能抽烟。小伙子问神父："我烟瘾太大，您说我在祈祷时可以抽烟吗？"神父的回答是当然不可以。又过了一星期，小伙子换了一种语序问神父："我烟瘾太大，您说我在抽烟时可以祈祷吗？"神父一听，这小伙子不错，抽烟的时候还惦记着祈祷，就回答说可以。

(2)"屡战屡败—屡败屡战"
据说曾国藩率湘军讨伐太平天国，初期战势连连失利，曾国藩写奏折提到战况是"屡战屡败"，聪明的师爷大笔一挥，将之改为"屡败屡战"。

小结
框架效应显示正面框架和负面框架下，即受益和受损两种情况下人们会有不同的行为反应。对问题的描述即框架如何影响决策者，这些描述如何为大脑所表征，至今其神经作用机制仍未明确，但是一些研究可以提供初步的参考证据。

（三）语言中的歧义、双关
言语沟通中，歧义与双关是影响语言理解的重要因素，这种情形是很多的。
孟昭兰老师在《普通心理学》（北京大学出版社）中举了如下例子：
(1) They (are flying) planes. 他们正在驾驶飞机。
(2) They are (flying planes). 它们是正在航行的飞机。
到底是何种含义，要靠上下文来确定。

有趣的歧义与双关
（1）下雨天留客天留人不留（标点的位置不同，此句意思完全不一样）
（2）青盲（睁眼瞎）打官司。官："你一双青白眼，怎么说是瞎子？"盲："老爷看小人是清白的，小人看老爷是糊涂的。"
（3）何主席清明节扫其母之墓
　　何主席清明节扫他妈的墓

(四) 语境与多义

语境与多义现象说明，因为语境的存在，我们不能简单从字面理解言语沟通的意义，往往需要结合语境进行具体分析。

在高语境文化（如中国文化）中更是如此，真实含义往往存在语境中，而非字面上。

(五) 禁忌语（taboo）研究

社会语言学从社会文化的立场研究了语言中的禁忌现象，弗洛伊德（Freud）曾写过《图腾与禁忌》（Totem and Taboo），试图分析禁忌的深层原因。语言是人类发明出来的，但人类有时深信语言（甚至是迷信），在生活中便喜欢说吉利话、"讨口彩"。

（1）25周年的双十节，原来中华民国，已过了一个世纪的四分之一了，岂不快哉！

（鲁迅：《因太炎先生而想起的二三事》）

分析："岂不快哉！"字面意义是"高兴"，这里故意用成时间过得很快，隐含的意义是中华民国都成立25年了但看上去与旧时代好像没什么差别。

（2）"落地"和"及地"

中国古代笑话书《笑林广记》有一则笑话：

说一秀才带书童赶考，途中走热了将帽子交给书童，书童顺手搭在扁担上。一阵风吹过，帽子掉了，书童说："相公相公，帽子落地（落第）了。"秀才一听大怒，训斥道："不准说落地，要说及地。"书童捡起帽子，将其牢牢绑在扁担上，向秀才讨好说："这次再也不会及地了（及第）。"秀才气晕。

分析："落地"就字面意义看指的是东西掉到地上，但其谐音"落第"在中国古代科举考试中指考试不中。因此书生赶考途中，为求吉利，避讳说落地。笑话中，书童不解此意，说帽子"再也不会及地"又犯了禁忌，因为谐音是"再也不会及第"。

第四节 应用部分：说服及其他

一、说服的研究

说服（persuasion）就是如何通过言语影响他人，中文的"说服"强调了"说"字。

心理学中说服（态度改变）研究的奠基人霍夫兰（Hovland）在其名著《沟通与说服》（1953年）中指出，沟通与说服是"Who says what to whom by what channel with what effect"的历程。

（一）说服有哪些途径？

主要可分两类：

中心途径	关注的是论据。所以，论据是否令人信服是说服的关键。
外周途径	关注那些让人不假思索就接受的外部线索，论据倒不重要。

> **广告的说服途径**
> 当今社会充斥着各色广告，广告想达到的目的就是说服。广告运用的说服途径，无非就是中心途径和外周途径，或者双管齐下。这里还有文化差异，也许美国会有更多中心途径的广告，中国会有更多外周途径的广告。

怎样说话，确实是一门艺术。

心理学的说服研究

例如：

首因效应与近因效应

单面说服与双面说服

在霍夫兰的态度转变模式中，考虑了下列影响因素：

信息传递者

传递的信息

信息接受者

周围的情境

1. 承诺：关于说话的艺术的实验（R. Cialdini, 1988）

> 老师课后通知学生第二天早上7点来做实验，采用两种通知方式，结果大不一样。
> 第一种直接通知：
> "明早7点来实验。"（24%的学生来）
> 第二种先问问题：
> "明天来做个实验，好吗？"待学生答应后再告知是7点。（53%的学生来）

心理学家称之为"承诺的作用"。

关于承诺的影响的实验还有很多（Greenwald, 1987; Lipsitz, 1989）：

例如投票的研究（Greenwald, 1987）。

"你会去投票吗？"

"会。"（比没有问到的高41%）

又如献血的研究（Lipsitz, 1989）。

献血后说："希望再见到你，好吗？"

回答者再来的几率从62%升至81%。

畅销书《怪诞行为学》的作者丹·艾瑞里在该书开篇提到《经济学人》杂志的一个广告。如下：

电子版	每年59美元
印刷版	每年125美元
电子版加印刷版套餐	每年125美元

注意，单买印刷版和买电子版加印刷版套餐一样，都是125美元。

于是，艾瑞里做了一个心理学实验。在麻省理工学院斯隆商学院，让100个MBA的学生做上述杂志订购的选择，结果如下：

| 电子版（16人） |
| 印刷版（0人） |
| 电子版加印刷版套餐（84人） |

多数人选择了买电子版加印刷版套餐，无人单买印刷版！

那么，去掉印刷版选项呢？

| 电子版 | 每年59美元 |
| 电子版加印刷版套餐 | 每年125美元 |

选择结果如下：

| 电子版（68人） |
| 电子版加印刷版套餐（32人） |

多数人选择了单买电子版。

看看，说话方式的影响有多大！精明的MBA学生也会落入圈套。

2. 登门槛效应和留面子效应

登门槛效应（Foot In The Door Effect），中国人可称之为"得寸进尺效应"。

(1) 美国社会心理学家弗里德曼等在1966年做的现场实验。

随机访问一组家庭主妇,要求她们将一个小招牌挂在她们家的窗户上,她们愉快地同意了。过了一段时间,再次访问这组家庭主妇,要求将一个不仅大而且不太美观的招牌放在庭院里,结果有超过半数的家庭主妇同意。(50%以上)

与此同时,随机访问另一组家庭主妇,直接提出将不仅大而且不太美观的招牌放在庭院里,结果只有不足五分之一的家庭主妇同意。(20%以下)

说明:人们一旦接受他人较小的要求后,为避免认知上的不协调,或想给他人前后一致的印象,就更可能接受较大的要求。

(2) 中国人很早就懂登门槛效应。

"攻人之恶勿太严,要思其堪受;教人之善勿太高,当使人可从。"

(明·洪自诚《菜根谭》)

与"登门槛效应"相反,"留面子效应"说的是人们拒绝一个较大的要求后,对较小要求接受的可能性会增加。为了更好地使人接受要求,最好的方法之一,是先提一个较大的要求,这被称为"留面子技术"。

心理学家查尔迪尼等(1975年)做的研究

要求大学生花两年时间担任一个少年管教所的义务辅导员,这是一件费神的工作,几乎所有的大学生都谢绝了。

接着提出一个小的要求,让大学生带领少年们去动物园玩一次,结果50%的人同意。

直接向大学生提出这一要求,只有16.7%的人同意。

(二)其他的运用

心理学在语言沟通方面的研究还可以用到许多地方。

1. 心理咨询询问技巧

下面是心理咨询中强调的:

专注
倾听
询问(封闭性—开放性)
鼓励
重复
沉默

心理咨询有多种技术都涉及语言。如：
内容反应技术；
情感反应技术；
解释技术；
等等。
目的：要区分具体与概括、事实与推论等。
精神分析从起源一直到现在，都与语言分析有不解之缘。

2. 联想测验

心理学常用的一种实验方法，如S.Freud的自由联想测验（Free Association），C.Jung的字词联想测验，一直到现在的内隐联想测验，Implicit Association Test（IAT）。

1904年至1905年期间，荣格积极参与由布雷勒领导的一个实验计划，主题是如何治疗早发性痴呆的问题，后来布雷勒将它改名成精神分裂症。在布雷勒的指导下，荣格进一步发展了"字词联想"的测验方式，借着病患们对一连串经过挑选的字词的回答方式和反应时间，来分辨出不同型态的心理情结及其原因。接着，他也尝试将电压检流计探测皮肤和线的方式来量度病患们的心理状态，试着把字词联想测验使用在侦测罪犯上。

> 有一名罪犯在夜间作案时，将一支蜡烛插在一个牛奶瓶内照明进行盗窃。在被拘捕后拒不交待事实经过，于是命令他作联想测验。具体方法是检验者说出一个词，令他立即回答所想到的另一个词。开始时，先用一些无关的词，如"天"，答以"地"；"父亲→母亲"；"鲜花→草地"；"黑→白"；"巴黎→纽约"等等，然后突然提到"蜡烛"，这名盗窃犯即答以"牛奶瓶"。就这样，通过该测验最后侦破了这件盗窃案。

3. NLP（Neuro-Linguistic Programming）

即神经语言程序学、身心语法程式学等。

N（Neuro）指的是神经系统，包括大脑和思维过程。

L（Linguistic）是指语言，更准确点说，是指从感觉信号的输入到构成意思的过程。

P（Programming）是指为产生某种后果而要执行的一套具体指令。即指我们思维上及行为上的习惯，就如同电脑中的程式，可以透过更新软件而改变。

(1)"你不可以想老虎，绝对不可以想老虎，大老虎不可以想，小老虎也不可以想，就算白色的老虎也不可以想。总而言之，你不可以想老虎，不可以想老虎！"（李中莹）

(2)

不好的句子：	应当改为：
我不要紧张。	我想放松。
你不要生气。	你先让自己平静一点儿。
不要老是想着失败。	想想如何能够成功。

4．心理测验中大量的是言语测验

专门从语言角度考虑的，如语义分化测验、反义词测验等。

在心理学研究方法中，质的研究也开始被人重视，这是多学科领域共同发展出来的研究方法，其中就有很多语言技术。例如：

　　　　提问的原则
　　　　追问的作用
　　　　倾听的方式
　　　　回应的类型
　　　　焦点团体访谈

心理学中，有一些倾向被称为"后现代心理学"，其中就有"叙事心理学"，就是"讲故事"，都是在讨论语言问题。

叙事心理学提出：心理学应该研究人们的生活故事。故事本身反映了个体心理发展与变化的过程，人格与自我也在述说生活故事的过程中得以存在。人们想要抒发内心感受时，就讲述自己的故事；想要了解他人的内心世界，就倾听他人的故事。人生在故事中展开，人性在故事中表征。

心理学之外的领域，同样大量关注言语沟通，例如记者的提问、公安的盘查、调查者的问话（如人类学、社会学等）。

❓是什么造成了歧义与双关？如何正确理解歧义与双关？

答：主要是语境。

第四讲　非言语沟通

请伸出你的援助之手！友爱、友谊是从亲近的手势和话语开始的。

本讲内容提要
什么是非言语沟通
动态无声沟通
静态无声沟通
有声副语言

第一节　什么是非言语沟通

一、定义

非言语沟通（Nonverbal Communication）指通过语言以外的媒介（例如面部表情、目光交换、身体姿势、肌肤接触乃至人们说话的音调、速度等）而实现的信息交流。非言语沟通是言语沟通的补充形式，有时也单独使用。

分析：交流中，语言是桥梁也是障碍。哪怕你懂得对方的语言，交流中常常还会遇到很多问题。但是，另外有一种"语言"能够克服语言沟通的障碍，在交流中扮演重要的角色，这就是"非言语"。

(1) 卓别林无声电影中的非言语沟通

卓别林的无声电影中，虽无言语作媒介，但通过其丰富生动的动作和表情，观众几乎可以完全理解他所要表达的意义。

(2) 从成语和汉字看中国古人对非言语沟通的重视

中国成语诸如"察言观色"或"察颜观色"这样的词汇，表明中国人自古以来就很看重非言语沟通在传播中的作用。中国人重视观色、察颜，说明色、颜等非言语在沟通中有重要意义。孔子就说过"听其言，观其行"，他要表达的意思实际上是"听其言不如观其行"。

在中文里，由于文字符号有象形的来源，一些文字符号本来就表现的是非言语符号。例如与人际沟通人际关系密切联系的"友"这个字，《说文》："友，同志为友。从二又，相交友也。"《说文》："又，手也。""友"指的就是握手，是象形字。握手被用来表达友谊、互助等含义。

(3)官场签字的"潜规则"(网络热帖)

曾有官员在网上发帖揭露官场潜规则，涉及方方面面。以签字为例：领导签字，如果字是横着签的，意思是"可以搁着不办"；如果是竖着签的，则要"一办到底"；如果在"同意"后面是一个实心句号，说明这件事必须"全心全意"办成；如果点的是一个空心句号，百分之百办不成，拿领导的话说是"签了字也是空的"。

字怎么签？原来是早有约定的。其实这里说的不是字词本身，而是非言语的部分在起作用。

钟老师说，言语或语言的说法其实不如我们从小就熟知的"语文"。言语或语言沟通包括了语言和文字，中国传统概念"语文"其实更好地表达了语言和文字两个部分的意思。基于此，非言语沟通可以说就是"一切非语文的沟通传播"。

二、非言语沟通的类别

非言语沟通的内容很多，也很复杂，为了讨论的方便，人们进一步对其分类，下面是社会心理学家贝克（C. Beck）对非言语沟通的分类。

非言语沟通的类型		举例
无声	动态无声	目光、表情、动作、时间……
	静态无声	姿势、空间、气味……
有声	副语言	音量、语速、语调

贝克把非言语沟通分成无声和有声两大类，由于无声的内容太多了，所以进一步区分成动态的和静态的。

三、非言语沟通的功能

非言语沟通具有许多功能，至少可以提出以下六种：

非言语沟通的功能 { 加强言语信息
补充言语信息
调节言语信息
替代言语信息
否定言语信息
重复言语信息

非言语沟通的功能

非言语信息可以加强言语信息，我们知道非言语信息与言语信息应该具有一致性，也就是说表情与语言是相配合的。2011年温州动车事故和2012年陕西延安特大车祸中有些官员的微笑表情，就引起广大网民的强烈不满。

甚至，非言语沟通可以替代言语信息。中国有个成语"道路以目"，语出《国语·周语上》："国人莫敢言，道路以目。"说的是周厉王禁谤的故事。当时人们在路上遇到都不敢交谈，只是以目示意，表达对残暴统治的憎恨和恐惧。但是，禁谤只是表面上禁止了老百姓的言语沟通，非言语沟通依然在进行。

四、非言语沟通涉及的因素

非言语沟通涉及的因素 { 比重 / 重要性 / 遗传、环境和文化解释的多样性 / 性别 / …… }

（一）比重

比重指的是在传播中言语和非言语信息所占的比重。

"三七"分：即非言语传播的信息占70%，说明非言语沟通在信息传播中的重要性。

"二八"分：有研究者估计，在全部沟通中，有85%都是非言语沟通。

在进行跨文化沟通的时候，成功的关键就在于是否理解了非言语沟通……据研究者估计，在全部沟通中，有85%都是非言语沟通；而在各种不同的文化中，这种沟通类型的重要性也是极不相同的。

——［美］雷诺兹·瓦伦丁

（资料来源：《跨文化沟通指南》，张微译，清华大学出版社，2004年版，第78页。）

（二）重要性

重要性指非言语信息是沟通中做出真假判断的重要依据，从这个意义上看，非言语信息有时候比言语信息更重要。

举例：某人平生第一次面对成百上千的人演讲，旁人问他"紧张吗"，他嘴里回答"不紧张"，可说此话的同时两条腿却不停打颤，我们是相信他的嘴呢，还是相信他的腿？

非言语"识谎"：保罗·埃克曼（Paul Ekman）关于微表情的研究

埃克曼（1934- ），美国著名心理学家，主要研究情绪的表达及其生理活动、人际欺骗等。1991年获美国心理学会颁发的杰出科学贡献奖。

埃克曼被誉为研究情感与面部表情关系的先驱，他称稍纵即逝的表情变化为微表情。

"微表情"一词的流行与热播美剧 Lie to me（中译名《别对我说谎》）有关。中文译名与英文名相反，无论"对我说谎"，还是"别对我说谎"，潜台词都是"我会看穿你"。一些稍纵即逝的表情变化，成为电视剧中莱特曼博士识破谎言的最重要线索。该剧灵感就来源于保罗·埃克曼的研究及畅销书 Telling Lies（《说谎》），同时剧组还邀请埃克曼担任顾问。

（三）遗传、环境和文化解释的多样性

涉及非言语符号的起源。埃克曼（Paul Ekman）和弗里森（Wallace Friesen）关于身势语的研究结论认为有三种。

身势语的起源：

遗传：天生的、建立于神经系统的、物种恒定的（为生存所必需的普遍性行为）。

环境：不同地区发展出不同的非言语符号，如手势的差异。

文化解释：无论先天、后天的非言语符号，在各种文化中还可能有解释的差别。

钟老师说，以上几种因素是相互作用的。非言语符号当然有其生物遗传的基础，前述卓别林的无声电影就是例证。环境的影响也历历可见。而随着各个地区、各种文化之间交流的增加，非言语沟通也呈现出更为复杂的面貌。

（四）性别

非言语传播有性别差异。

举例：在情绪表达上，世界上多数地区女性可以较多地表现情绪情感，男性则被要求表现出更多的理智。中国文化里就有这样的话："男儿有泪不轻弹。"

五、非言语研究的领域

诸多学科都会关注非言语沟通的研究，例如语言学、传播学、心理学、人类学、管理学等，这些学科对非言语沟通的研究涉及不同的内容，形成了关于非言语沟通研究的相关领域。

研究领域	研究内容
时间学（Chronemics）	研究人们利用时间的方式及其意义。
空间学（Proxemics）	研究人际距离及空间使用方式及其意义。
身势学（Kinesics）	研究人们的面部表情（facial expression）、身体动作（body movements）、手势（gestures）等。
体触学（Haptics）	研究身体接触所传达的信息。
外表学、装扮学（Physical appearance）	研究人们的肤色、衣着打扮及身体形态等。
目光学（Oculesics）	研究人们通过目光接触（eye contact）、眨眼（blinks）、眼珠转动（eye movements）及瞳孔放大（pupil dilation）等所传达的信息。
副语言（Paralanguage/Vocalics）	研究声音的非言语成分（nonverbal elements）所传达的信息。
嗅觉学（Olfactics）	研究人们如何通过气味来传达信息。

第二节 动态无声沟通

按照前面贝克的分类，无声沟通可以分为动态无声沟通和静态无声沟通。

一、目光

(一) 重要性与功能

重要性：面部表情在动态无声的沟通中占有重要地位，其中，又以目光传递的信息为多。目光交换可能是非言语沟通的主要信息来源，至少可以表明交谈的双方对交谈感兴趣。

---

(1) 与目光有关的汉字

在汉字中，面部的"面"字本身就在强调眼睛、目光的重要性，"面"字中间就包含了一个"目"字，中国人说话常将脸和眼睛合在一起叫做"面目"。还有"头"（繁体字写作"頭"）、"首"这样的字，里面都包含了眼睛（"目"）。

(2) 鲁迅论目光

鲁迅在他那篇著名的"魏晋风度及文章与药及酒之关系"的讲演中，就曾提到魏晋时士人会用目光表达对人的态度，例如白眼、青眼。

青眼 VS 白眼
喜欢 VS 不喜欢

(3) 与眼睛有关的人际关系的语言表达

亲密的："我的眼里只有你。"

厌烦的："滚远一点，别让我看见你！"

功能：通常目光交换可以表达爱、喜欢和关心的感情。不愿意有目光交换表达的则是相反的感情。目光可以展示情绪、表达内心，所以人们常说"眼睛是心灵的窗户"。

目光的功能：建立关系 { 控制他人 / 展示情绪 / 减少分心 }

（二）瞳孔大小与兴趣

瞳孔的变化可以反映人们兴趣的变化，因此可以用它来作为测量动机兴趣的指标。举例：心理学家以不同面值的纸钞为刺激变量，以被试瞳孔的变化为反应变量。实验表明，随着钞票面值的增大，被试瞳孔有放大的趋势。

增大的瞳孔还可以让人看上去更有吸引力。举例：历史学资料显示，著名的埃及艳后如何增加自己对男性的吸引力？据说通过服用某些药物增大瞳孔。

钟老师说，要注意性别差异：男性和女性的目光表达有差异。对男性被试而言，最让他们瞳孔放大的是美女的裸体图片；对女性被试而言，俊男的裸体图片也能让她们的瞳孔放大，但最吸引她们目光的，却不是俊男的裸体图片，而是婴儿的裸体图片，这或许说明，在女性的本性中母性成分的重要性。

（三）目光注视与人际关系

与瞳孔变化相似，目光的相互注视也能表达对他人的兴趣。

心理学实验：目光接触与喜欢

克莱恩科（Kleinke）等人（1973年）的研究。

让男女被试互动10分钟（例如让他们讨论大学生活有没有意思之类的话题），然后反馈两种不同信息：高注视与低注视。所谓高注视，是告诉被试刚才他们在互动时对方注视自己的时间是长的、频率是高的，所谓低注视则完全相反。之后进行问卷评价：对自己的互动伙伴的喜欢程度。

结果表明，被反馈为高注视的被试更倾向于对自己的互动伙伴做出积极的评价。

结果还显示，男性被试比女性被试表现得更明显。

确实，亲密伴侣之间比一般人之间有更多的对视行为，此即所谓"四目相视，脉脉含情"。以此也可以作为衡量人际亲密度的指标：无需说关系好不好，只用看注视多不多。

（四）目光接触与善意

一般来说，愿意有目光接触，是善意的表现，是愿意建立人际关系的信号，对于中国人尤其如此。

但目光接触并非总是好事。有时人们会有意关闭眼睛这扇窗户，避免目光的接触。有些人在向别人报告坏消息或者说一些痛苦的事情时往往避开对方的眼睛。沟通者可能由于害羞、恐惧或说谎而避免目光接触。在中国，长时间盯着人看是不礼貌的，因为这样的目光接触会引起生理和情绪的紧张。

目光接触	互动
有	有互动的可能性（哪怕是陌生人）
无（躲避，装没看见）	无（或少）互动（故意避免或害怕互动）

（五）权力与目光

目光有时也代表权力。

有权力有地位的人，可以恣意地注视那些权力比他小、地位比他低的人。有权力的人也可以恶狠狠地看别人。在谈话的时候，领导可以看也可以不看下属，但下属为了表示尊敬，需要认真地看着领导。

目光接触的文化差异

	目光接触偏向	人际距离
阿拉伯人	喜欢面对面、眼看眼的接触。	距离近，常常能感受到对方的呼出的气息。
美国人	谈话时伴随着目光交换。（视之为坦诚）	没有阿拉伯人靠得那么近。
日本人	目光交流少得多，更倾向于把眼神停留在对方的颈部。	

小结

面部最重要的部分应该是眼睛，目光交换可能是非言语沟通的主要信息来源，至少可以表明交谈的双方对交谈感兴趣。通常目光交换可以表达爱、喜欢和关心的感情。

总之，目光交换所传递的信息是复杂的，有时能表达似乎完全矛盾的含意——友爱和敌意、幸福和痛苦、恐吓和害怕。在人际沟通中要根据语境来判断目光的意义。

二、面部表情

面部表情包括基本表情、混合表情。

一个人的情绪可以清楚地反映到面部表情上，这些面部表情一般是非随意的、自发的，但也是可以控制的。

在实际社会生活中，人们常常有意控制自己的面部表情，以达到加强人际沟通的效果。举例：不同国家的领导人在会见时，会面带笑容，以此传达国家之间的友谊。

面部表情的跨文化普适性：不同文化中的人们可以有相似的表情，甚至在人类和动物中也有表情的相似性。

达尔文：《人类与动物的表情》

人类对面部表情的研究有相当长的历史，达尔文就曾写过《人类与动物的表情》这样的名著，他寻找到人类基本面部表情与动物的渊源关系，也就是说，面部表情基本上是遗传决定的，与文化的关系不大。

《人类与动物的表情》（1872）是达尔文继《物种起源》（1859）和《人类起源》（1872）之后，从情绪表现方面进一步论证人类和动物心理有连续性的进化论观点的名著，是对人类与动物的表情进行系统研究的开山之作，使对人类情感表达的研究从面相学进入了科学的殿堂，让人们更加真实深刻地了解人类与动物的种种心理活动与表情方式。书中提出了三条原理：

有用的联合。指有的表情动作对人类的动物祖先有生物学意义，是动物长期生活巩固下来的有用的习惯性联合。这些表情遗传保留在人身上，像是天生的人类表情，实际上可能是靠某种生活方式逐渐获得的。如：愤怒时张牙露齿；恐怖时毛发竖直、心脏急跳等。

对立的作用。指彼此对立的表情是服从对立原理巩固下来的。如悲哀与欢乐、敌视与友爱。

神经系统的直接影响。指有些表情动作，强烈而不可控制，是神经系统的直接影响。

（一）表情识别的"内群优势"(in-group advantage)

表情的跨文化普适性是表情的生理基础，内群优势说的则是在后天环境文化的影响下，对自己文化中人们的情绪表现辨别率更高。举例：中国人看好莱坞电影，对其中美国人表情的辨识，终究不如美国人；换成美国人看中国电影，也是一样。因此，表情也具有差异性。

> **讨论：情绪的展现规则**
>
> 表情的差异表现在情绪的展现规则上，也许情绪是相似的，但何时何地可以表现出什么样的情绪，在不同文化中却有不同的规定。例如，西方的心理学家尤其是临床心理学家一直以为中国人有情感淡漠症，因为相对于西方人夸张的情绪表达，中国人的脸上很难看出情绪反应。西方人的狂欢节，在中国很少有。这或许与文化的提倡有关，中国的君子，可以宠辱不惊，"不以物喜，不以己悲"，长期修炼的结果，自然可能有些表情淡漠。

（二）表情的多义性

面部表情与内在心理活动的对应关系不是单一的，这就使得同一种表情可以有不同的含义。

从判断上看，一个人的面部表情是真情的流露还是故意装出来的很难分辨。演技出色的演员，他们所表现出的面部表情足可以乱真！

> **哭泣表情的多义性**
>
> 哭泣可以是悲伤的表示，也可能是表达同情，还可以是由幸福和喜悦而引发。面部表情所传达的具体含义受多种因素影响，它既与沟通情境有关，也和沟通者的习惯特征有关。

小结

影响面部表情所传达的具体含义的因素 { 沟通情境 / 表情本身特征 / 沟通者的习惯特征

> **网络上的表情**
>
> 讨论：网络上的表情，如QQ表情为何流行？
>
> 这大概是人们的一种心理需求。在日常面对面的沟通中，人们可以清晰感知对方的表情等非言语信息，这些网络上却做不到。为了弥补缺憾，人们发明了网络表情符号，包括各种图片。

（三）表情的重要性

人类生活中需要表情。

> 心理学实验：千人一面
>
> 这其实是一个心理游戏。教育心理学家让全班同学都戴上无表情的相同面具，然后让大家分享感受。大多数人会觉得这场面很诡异。与面无表情的人交流是令人不安的事件，文学作品中戴面具者常常是最恐怖最危险的人物。

<u>值得注意的是，心理学界以往对情绪的研究重视不够而更关注认知的研究，现在无数证据表明情绪情感在人类心理世界中的重要性，传播心理学也应该把人类传播历程中的情绪反应作为一个重要领域展开研究。</u>

三、动作（触摸、手势）

除了面部表情与目光外，还有身体、时间和空间等方面的信息也构成非言语沟通的重要内容。例如身体姿势，在人际沟通中身体运动和姿势常用来传达信息或强调所说的话，被称为体态语言，对体态语言的研究已经形成一门专门的学问，叫做体态学（kinesics）。

例如，挥手表示再见、点头表示同意、摇头表示否定、拱手表示招呼等等皆为人们所熟知。

<u>体态语言所传达的含义也是复杂多样的，它依赖于沟通情境、沟通者的习惯以及沟通者所处的文化等多种因素。</u>

（一）触摸

摸头、拍肩、握手、拥抱等身体接触也起着沟通信息的作用。

亲密的人之间有较多的身体接触，而陌生人之间过分亲密的接触可能意味深长。身体接触还可以反映出双方的身份、地位、角色等。例如，在中国，摸头常常是长辈对晚辈，拍肩一般是上级对下级，握手的次序、时间、力量，都可能标志着沟通者之间不同的关系水平。

摸头　　拍肩

握手　　拥抱

发展心理学的研究

触摸与生长

儿童心理学家将两组孩子做了对比：一组孩子从小经常得到长辈的爱抚，另一组孩子从小缺失长辈的爱抚。结果发现，在成长过程中得到爱抚多的孩子在身体、智力、人格、情绪、社会适应性等方面的发展都比缺失爱抚的孩子要好得多。这说明，孩子在成长过程中，是非常需要亲人的触摸的。

触摸与人类需要

心理学家提出一个通俗说法"皮肤饥饿"，形容皮肤和肚子一样缺乏刺激也会饿。这在儿童身上特别明显。法国电影《天使爱美丽》开头就有一个情节：爱美丽渴望得到父母的触摸，偏偏有些心理问题的父母很少触摸她。其实成人和儿童一样，也需要触摸。进化心理学家有个假设：为什么与其他灵长类动物相比人身上裸露的皮肤要多得多？很可能是人类长期以来触摸把毛发摸掉了。这说明人类有被触摸的强烈需求。

触摸与地位

如何触摸、能否触摸、谁触摸谁等还涉及双方的地位与权力。例如地位高的、权力大的、年龄长的可以对地位低的、权力小的、年龄幼的做出拍肩、摸头等动作，反过来却有些不尊重、不合适。

多种场合的触摸

不同场合下，触摸有不同的方式、意义、功能。在人际沟通中，触摸的场合很多，例如外交场合的触摸、宗教场合的触摸、医疗场合的触摸等。有些文化中的触摸看起来挺奇怪的，例如新西兰的毛利人与客人见面要行"碰鼻子礼"。很多触摸的意义重大，如宗教场合的摩顶受戒，还有医疗场合医生的触摸对患者治疗信心的影响。

触摸在语言中留下许多痕迹，如汉语中的形容词"轻柔"、"温存"、"体贴"等都应该和触摸有关。

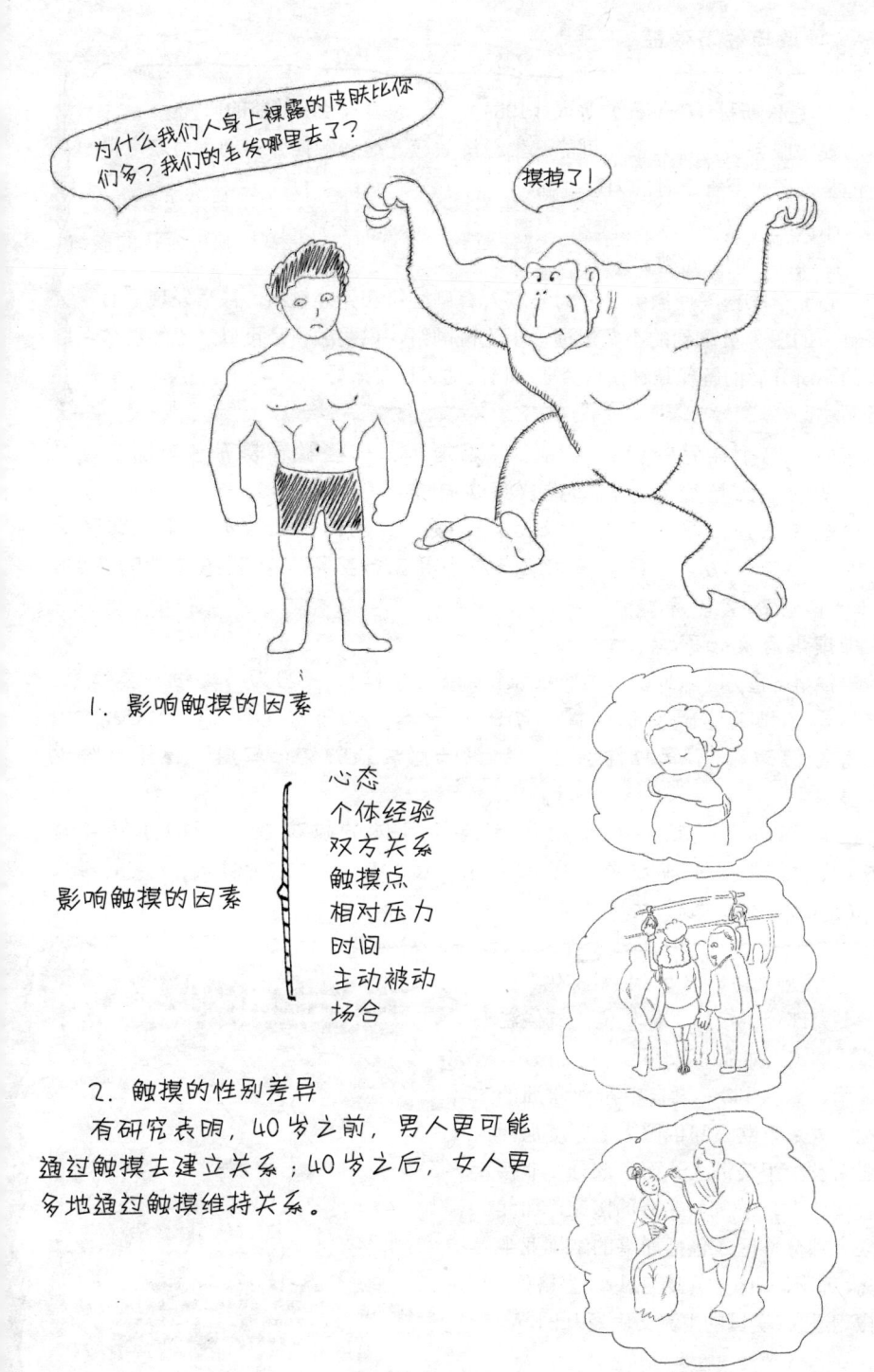

为什么我们人身上裸露的皮肤比你们多？我们的毛发哪里去了？

摸掉了！

1. 影响触摸的因素

影响触摸的因素 ← 心态
个体经验
双方关系
触摸点
相对压力
时间
主动被动
场合

2. 触摸的性别差异

有研究表明，40岁之前，男人更可能通过触摸去建立关系；40岁之后，女人更多地通过触摸维持关系。

3. 触摸与经济效益

> 克鲁斯科（Crusco）等人（1984）关于触摸与经济效益的研究
> 餐厅服务员与客人接触可能产生经济效应。这些触摸并非刻意为之，很可能是递菜单或上菜时的无意碰触。
> 触摸的部位：手或胳膊。
> 触摸的时间：短暂。
> 心理学家把餐厅服务员分为与客人有碰触组和无碰触组，最后发现，有碰触组的服务员拿到的小费远远多于无碰触组，说明触摸是可以产生经济效益的。研究者的解释是触摸这类非言语沟通可以带来好感。

分析：这个研究的结果可用来解释为什么一些歌星要下台与观众握手以及一些国家的竞选者为何与选民握手拥抱等现象。

心理学家还发现，在向人求助的时候，单纯的"动口不动手"的效果就不如"动口又动手"的效果好，因为后者充分运用了非言语沟通的手段。

4. 触摸的文化差异

触摸也有文化差异。

爱德华·霍尔（Edward Twitchell Hall Jr, 1914－2009），美国人类学家，被称为系统地研究跨文化传播活动的第一人。他与安德森（P. Andersen）对此有专门研究。（第九讲会专门讨论传播沟通的文化问题，这里只略略涉及。）

根据不同文化在人际交往中倾向于身体的触摸还是倾向于避免身体的触摸可将文化划分为"接触文化"（contact culture）与"非接触文化"（noncontact culture）。

> "接触文化"与"非接触文化"
> 大部分"接触文化"位于气候温暖的国家，如地中海地区（包括法国、希腊、意大利）；来自中东和欧洲的犹太人；东欧人和俄国人；印度尼西亚人及拉丁美洲人。而大部分"非接触文化"位于气候寒冷的国家，如北欧大部分地区（包括斯堪的纳维亚半岛、德国、英国）；英裔美国人，盎格鲁－撒克逊人（美国的主流文化）和日本人。

中国曾被归入非接触文化。

改革开放之初，中国人刚刚走出国门，看到西方人可以当街搂抱亲吻，不禁大惊失色，中国人似乎不太习惯在公共场合表示亲密。所以那时中国人和西方人都同意中国人偏于"非接触文化"而西方人偏于"接触文化"。

《俺爹俺娘》是著名摄影家焦波从给爹娘拍摄的近万余张照片中精选出的作品集，这些照片真实地记录了两个世纪老人30年间的生活片段。很多照片表明中国人的非接触性特点。

近年来人们对此种归类又开始疑惑了：说中国人非接触，可在排队的时候，无论人多人少，大家都喜欢挤在一起，所谓"一米线"是从西方传过来的新事物；还有我们的办公桌可以面对面放在一起，对面的人不仅可以抬头互相说话，还可以伸手拿对方办公桌上的东西（例如茶叶）自己用；我们夸别人衣服好，说着说着就会动手摸摸别人的衣料……那么，中国人到底是"非接触文化"还是"接触文化"呢？

(二) 时间

时间放在哪里有不同的意见，如果强调时间变动的性质，可以归入"动态无声"。

中国人对时间快慢的倾向

中国人在时间上似乎更喜欢快，例如人们要选用速度更快的计算机、要乘坐速度更快的交通工具等。

"多快好省，力争上游"曾经是我们的口号；

"Higher, Faster, Stronger"（更高，更快，更强！）则是奥林匹克运动宗旨之一。

快、慢是一种心理量。心理学中近些年兴起了时间心理学的研究，把时间从物理学的领地中解放出来，而在中国人眼里，时间早就是一个心理学问题——用来形容时间的"快"、"慢"这类词汇，往往是"竖心旁"的字，凡是竖心旁的字，关注的重点常常是心理、是感觉。

1. 时间与地位、权力

守时是人际交往中的基本原则，但是有些人却可以不遵守这个准则。即使是在信奉"时间就是金钱"的西方社会，也是如此。

（图：预约后也要排队等候！ 网上预约）

不同的文化有不同的规则，在有敬老爱老传统的中国，则可以有因为年龄差异的等待。

案例分析：黄石公三试张良

传说黄石公为秦汉时人，是秦末汉初的五大隐士之一，排名第五。后得道成仙，被道教纳入神谱。《史记·留侯世家》称其避秦世之乱，隐居东海下邳。其时张良因谋刺秦始皇不果，亡匿下邳。于下邳桥上遇到黄石公。黄石公三试张良，前两次张良较黄石公晚到，第三次他在半夜之前就赶到桥上，待了一会儿，黄石公方到，黄石公高兴地说："应当如此。"遂赠《太公兵法》，张良后来以黄石公所授兵书助汉高祖刘邦夺得天下。

2. 时间的动作表

例如，看表确定时间、东看西看焦躁不安等。某些文化中有特定的表达方式，在中国主人觉得到时间已经差不多没话说了可以做出端茶自顾自低头饮用的动作，客人见此情形如果知趣就该起身告辞了。

（那我先告辞了）

3. 时间的文化差异

霍尔（Hall）提出单线时间（monochronic time）和多线时间（polychronic time）的区分，两种不同时间观念的人遇到一起会有些麻烦。(详细内容将在第九讲具体介绍。)

第三节 静态无声沟通

一、空间

包括霍尔的空间距离、空间关系学、费斯廷格（Festinger）的交友研究、选座位、拥挤、隐私、领地。

（一）霍尔对非正式空间的分类

在人际沟通过程中，双方之间的距离有一定的含义。一般说来，关系越密切，距离越近。霍尔据此将人际距离分为亲密的、个人的、社交的和公众的四种类型。

亲密（intimate）距离

个人（personal）距离

社交（social）距离

公众（public）距离

<u>钟老师说，霍尔在每种距离后面还给出了数字，但这些数字是美国人的资料，中国人每种距离的数值或有差异，甚至中国人是否可以分为这四种距离都是需要思考的。</u>

（二）领地

动物和人类都有领地意识，都会用种种方法标识自己的领地。

人类的领地，还可以用界碑、界桩、边墙、长城等。

心理学实验：沙姆的实验"心理气泡"

20世纪60年代，心理学家沙姆进行了大量实验，最早提出了个人空间的概念。

在一个刚刚开门的大阅览室里，当里面只有一位读者时，沙姆就进去坐在他或她旁边，测试那个人的反应如何。实验进行了整整80人次。

结果表明，在只有两位读者的阅览室里，没有一个被试者能够忍受一个陌生人紧挨自己坐下。沙姆坐在他们身边后，被试验者不知道这是在做实验，大多数人默默地走到别处坐下。有人则干脆明确表示："你想干什么？"

沙姆认为，每个人的周围，都存在着一个空间范围，对这一范围的侵犯和干扰，将会引起人的焦虑和不安，这个"神秘气泡"随身体移动，它并不是人们的共享空间，而是在心理上个人需要的最小空间范围。

这个"神秘气泡"的大小，受到个人特点、社会习惯、文化、环境等因素影响。

（三）费斯廷格的交友研究

美国著名社会心理学家费斯廷格做过MIT大学生交友的研究，最后发现宿舍交友与人们相互的空间距离有很大关系，最可能成为自己朋友的，是住同一个宿舍的同学，然后是隔壁、对门等靠得比较近的同学。

心理学家也做了课堂交友的研究，同样是距离产生很大的影响，"同桌的你"更有可能成为朋友。

（四）选座位和临时领导的研究

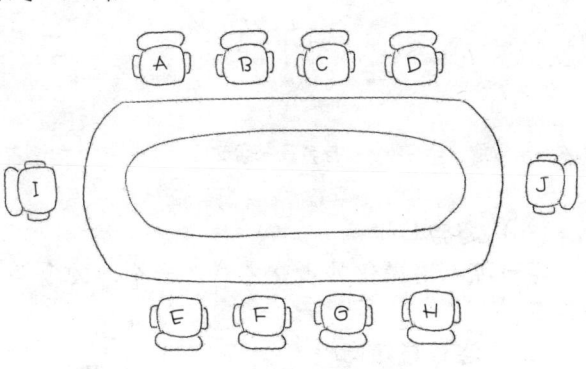

如下图，如果长方形桌子周围有A-H八个可选择的位置，如果你最先来到桌前，你会选择哪个座位？如果已经有人坐了某个座位，例如A或E，你又会选择哪一个座位？为什么？如果是在图书馆看书，人们可能更愿意选择靠边的座位以免干扰。

如果上图中两端还各有一个位置（I和J），上述座位都坐上人，让大家选临时领导，最有可能是坐在哪个位置的人，为什么？

<u>空间的考虑因素：空间距离、彼此交谈是否方便、所处的轴线（目光是否能够接触）等，都有可能影响大家的选择。位置I和J上的人更有可能被大家选中，因为所有人都可以看见他们。</u>

（五）拥挤

与空间有关的有拥挤现象，社会心理学家、环境心理学家都在研究拥挤。拥挤会造成人们心理与行为的变化，例如冲突的增加。但是，人类作为集群性动物也可能需要一定的拥挤，城市学家就说过，拥挤是城市吸引人的因素之一。

（六）隐私

空间与隐私有关，如果将人们活动的领域分为公领域、私领域，后者则可能与隐私相连，个人性的许多行为只能在私领域进行，中国人就讲"内外有别"。

二、姿势

身体姿势，简单地说是身体呈现出的架势。在人际沟通中身体姿势常用来传达信息或强调所说的话，这也是体态语言的一种，相对于前面提到的动作，姿势是相对不动的。

对体态语言的研究已经形成一门专门的学问，叫做体态学（Kinesics）。体态语言所传达的含义也是复杂多样的，它依赖于沟通情境、沟通者的习惯以及沟通者所处的文化等多种因素。

点头表示同意　　摇头表示否定　　抬手表示招呼　　挥手表示再见

（一）姿势与情绪

姿势可以是情绪的表达方式。一个人的姿势，可以传达出放松或紧张等信息。

（二）姿势与倾向性

姿势	倾向性
圆形	友善
尖形	威胁

例如以胳膊肘尖对人，就算是尖形的姿势，表达出来的恐怕就不会是一种友善。

（三）心理学的研究：姿势与人际关系

姿势与人际关系

如果两个人离你较远，你听不见他们的说话声，只能看见他们谈话时的姿势，你能否判断他们聊得好不好呢？

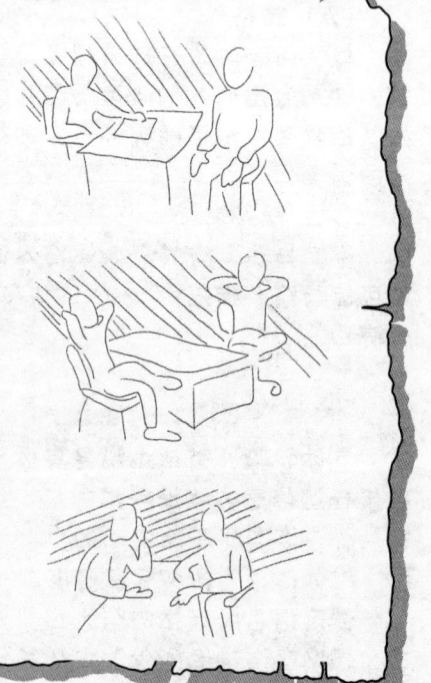

心理学家通过研究发现，当沟通的双方在姿势上出现趋同（或同步）现象的时候，往往表明他们谈得较好。如一个人托腮，一个人双手抱肩，谈着谈着，两个人都托起腮或都抱起肩，表明他们关系融洽。心理学家将这种现象称之为"互动同步"。

那么，模仿他人姿势是否可以使双方关系更好？

研究表明，模仿对方的姿势常常可获对方较好的评价，这算是对"互动同步"的实际运用。

三、气味

美国文化是"反气味文化"。反气味文化指反对人体的自然汗味或呼气时从口里散发出的气味。所以香水、除臭剂、牙膏和爽口液等在美国都比较畅销。

第四节　有声副语言

一、什么是副语言？

人们说话的语音大小、语调高低、语速快慢等都有一定的意义，是人们理解言语表达内容的线索，被称为副语言（paralanguage）。

同一句话用不同的语音、语调、语速去表现，就可能具有不同的含义。

二、语速

语速的快慢对于意义的表达也会产生很明显的影响。

三、音量

（一）对功能性发声的忌讳

许多民族，有对功能性发声的忌讳，例如吃东西时或吃饱时嘴里发出的声响。

※语音和语速等与意义的关系也存在着不确定性。从心理学研究的个体差异上看，发出信息者说话时的语音和语速等受个人的习惯和特性制约，就有不同的表现；同样地，接收信息者也从个人的习惯和特性出发去理解对方语音、语速等所包含的意义。

（二）沉默是金

有时候，最有效的发音行为可能是不发音——沉默（谈话中的停顿），它具有强调的功能，让听话者对停顿前后的谈话内容予以特别的关注。停顿的这种效果，是对"此时无声胜有声"的绝妙诠释。

无声的多义性

对于无声（沉默），人们可以有不同的解释。

中国人似乎更能够忍受沉默，而美国人好像对沉默有些害怕，这大约与美国文化是比较提倡"说"而中国文化比较提倡"听"有关。

一些案例显示，在跨文化谈判中，美国人可能因为受不了长时间沉默的场合而做出某些让步。

有声副语言对理解的影响

同样的文字用不同的副语言表达会产生截然不同的效果。

播音员用欢快高昂和缓慢低沉的语音、语调、语速念"中央人民广播电台最新消息",前者让人们能感觉到有重大的激动人心的决策即将公布,后者则可能使人们猜想某位重要人物逝世了。

在意大利电影节上,意大利著名悲剧明星宴会上与来自世界各地的演员坐到一起,大家起哄让他讲一段悲惨的故事。罗西用非常悲惨的声调讲了一个故事,果真饭桌上的宾客们一片愁云惨雾,这时餐厅服务员在一旁偷笑,因为只有她能听得懂意大利语,原来罗西念的竟然是一份普通的菜谱。

语速差异的原因

有人发现,中国电视、广播中的播音员的语速要比 VOA 或 BBC 的慢。是工业化程度越高说话语速就越快吗?还是汉语单音节多,一个音节的信息装载量比英语大,有条件慢说?

中国是"大声民族"吗?

现在随着中国人到世界各地旅行的人员增多,对中国人在各地表现的反馈也纷至沓来。其中一个是说,中国人走到哪里都毫无顾忌地大声说话,已经引起许多地区人们的不满。为此,我国有关部门已发出通告,要求中国公民出国旅行时尊重所在国风俗,不要大声喧哗。

推荐阅读:

[美]爱德华·霍尔著、侯勇译:《无声的语言》,中国对外翻译出版公司,1995年。

第五讲 自我传播与自我认识

本讲内容提要
自我与自我传播
自我认识
自我管理：控制行为与解释行为
自我表露与交流

> 知己知彼，百战不殆。
> ——《孙子·谋攻篇》
> Know yourself.
> ——古希腊哲学家苏格拉底
> "自我，是人类心理宇宙的中心。"
> ——美国著名心理学家威廉·詹姆斯（W. James）
> "我思考我自己。"
> ——蒙田

第一节 自我与自我传播

一、什么是自我传播？

定义：自我传播就是一个人自己跟自己进行交流的过程，信息的发出者、接收者、处理者都是一个人，它其实是一个思考的过程。自我是人类传播活动的起点，自我传播是人类最基本的传播活动，其他各种传播类型莫不以此为基础。

想清晰把握林林总总的传播现象，离不开对人的自我传播的深入认识，而人的自我传播的核心就是认识自我。

(1) 达摩面壁

传说魏孝明帝孝昌三年（公元 527 年），释迦牟尼第二十八代佛徒菩提达摩漂洋过海来到少林寺，在一天然石洞中修性坐禅，日复一日，年复一年，面壁十年。达摩离开石洞的时候，他坐禅面对的那块石头上，竟然留下了一个达摩面壁的形象，衣裳褶纹，隐约可见，宛如一幅淡淡的水墨画。

达摩面壁修行坐禅，正是一种自我传播，与当年佛祖安坐在菩提树下悟道的故事如出一辙。中国还有一些成语说的也是自我和自我传播的问题，例如"扪心自问"、"反躬自省"、"眉头一皱，计上心来"等等。

（2）一个关于香港著名企业家李嘉诚的故事

据说多年前，大陆有一批成功企业家去香港拜访李嘉诚先生，想请李嘉诚谈谈如何做生意、如何挣钱，没想到李嘉诚没有直接回答他们的问题，反而向他们提出了四个问题：

①当我们梦想更大成功的时候，我们有没有更刻苦的准备？

②当我们梦想成为领袖的时候，我们有没有服务于人的谦恭？

③我们常常只希望改变别人，我们知道什么时候改变自己吗？

④当我们每天都在批评别人的时候，我们知道该怎样自我反省吗？

不难看出，李嘉诚先生的四个问题涉及的都是与自我的有关的问题，即我们是否从"自我"这个角度出发去思考问题、去处理与他人的关系。提问自我的问题，从方向上说，是往内的。李嘉诚的意思是说："你们问我做生意和挣钱，那是外面的事。可不可以把思考的方向先朝内，想想清楚自己是谁。认清了自我，也许外面的事情就简单了。"前已述及，自我传播也叫内向传播，可见讨论自我，在一定程度上是内省的。

李嘉诚的这种提问方式并不是他发明的，而是中国人的优良传统：早在两千多年前，孔子的学生曾参就会在每天就寝前问自己三个问题作为自我反省的有效手段，由此留下了一段千古佳话。

吾日三省吾身，
为人谋而不忠乎？
与朋友交而不信乎？
传不习乎？

无论是曾子的"吾日三省吾身"，还是所谓的"新吾日三省吾身"，关注的都是自我的问题，从传播学的角度来看，说的都是"自我传播"。

二、自我——人类心理宇宙的中心

(一) 自我在何处？

自我是什么，自我在哪里？这是对自我的最基本的追问。心理学的研究发现，认识自我并不是一件容易的事。

举例：成龙曾经主演过一部《我是谁》(Who am I) 的影片，正好在心理学里面有一个关于自我的测试也叫"我是谁"(Who am I)。这个测试是开放式的，可以是一连串的造句，由"我是"开头（"我是……"），或由"我"开头（"我……"），从而得出若干对自我的描述。

我是谁？

心理学测试：我是谁？

"我是谁"是心理学中关于自我的一个著名测试，假设你想让某个人知道你对自己的认识，你可以告诉此人关于你自己的20件事。这些事情可以包括你的个性、背景、生理特征、爱好、属于你的东西、你亲近的人，等等——简言之，就是任何能够帮助这个人了解你真实情况的东西。你会告诉他什么？

这些回答可以从若干方面（或曰维度）来讨论。如：

（1）可以看看回答者一共回答了多少条，这算作是数量指标或空间指标。如果回答得太少，可能回答者对自己有些严苛，其实不妨放开来谈。

（2）可以看看回答者的各个条目里面有没有涉及未来的回答，这算作时间指标。这样的回答不需要很多，它是人们对自己今后发展的预期，是行动改进的动力。

（3）可以看看回答者的回答多少关乎客观面、多少关乎主观面。所谓客观，是别人可能也知道的；所谓主观，是自己体会到的。客观主观的回答都有，说明比较平衡。

（4）可以看看回答者对自己积极面（正面）和消极面（负面）的认识。每个人都应该有这两面，能够都涉及也是一种平衡。除了以上四个主要维度，还可以考虑其他的维度，例如文化的差异也会令"我是谁"的回答千姿百态。

在这个测试面前，很多人迟迟难以下笔，因为人们平常很少有意识地反思自我。

有一种说法："人类对宇宙的认识越来越深，对自身的认识却少之又少。"人类认识自我的过程始终是与人类对"我"之外的宇宙的认识相伴随的，正是在对外在于"我"和"我们"的宇宙的探索中，人不断深入地了解宇宙中的"我"和"我们"自身。

屈原的《天问》

曰：遂古之初，谁传道之？
上下未形，何由考之？
冥昭瞢闇，谁能极之？
冯翼惟像，何以识之？
明明闇闇，惟时何为？
阴阳三合，何本何化？
圜则九重，孰营度之？
惟兹何功，孰初作之？
……

中国先秦的大诗人屈原面对浩渺的宇宙曾发出无穷的诘问，这就是传颂至今的《天问》。

《天问》是屈原《楚辞》中的代表作。该诗自始至终以问句构成，或一句一问，或两句一问，或四句一问，在天、地、人诸多方面层层递进地提出了一百多个问题，被赞为"千古万古至奇之作"。

在中国人的思维方式里面，天和人是有着密切联系的。所谓天、地、人，是一个整体，是一种序列，是不可分割的。屈原问天，涉及的正是天、地、人等各个方面的问题，是困惑着中国古人的种种问题。从某种意义上说，问"天"就是问"人"，问"人"就是问"我"。"问"是一种探求，就是希翼通过探求更加明白"我"所在、"我是谁"的问题。或者说，我在哪里？自我又在何处？中国古人正是站在自身之外，甚至超然物外进行思考的。面对广阔天地、浩瀚宇宙与变化万千的大自然，地球上的先民们曾对宇宙生成、万物本源与物质结构等问题进行了种种猜测与探索。

钟老师大课堂：宇宙是什么？

按照今天通行的回答：宇宙是万物的总称，是时间和空间的统一。宇宙是物质世界，不依赖于人的意志而客观存在，并处于不断运动和发展中，在时间上没有开始没有结束，在空间上没有边界没有尽头。宇宙是多样又统一的：多样在于物质表现状态的多样性；统一在于其物质性。

中国古人将宇宙分开来解释，战国末年的尸佼在《尸子》中对宇宙有一个明确的定义。"四方上下曰宇，往古来今曰宙。""宇"就是包括东西南北四方和上下六合的三维空间，而"宙"就是包括过去、现在和未来的一维时间。

东汉时代的张衡（78－139年）明确提出："宇之表无极，宙之端无穷"（《灵宪》）。

元代的邓牧（1247－1306年）认为在无限的虚空中有无限多的天地，"天地大也，其在虚空中不过一粟而已耳"（《伯牙琴》）（这与300年后欧洲布鲁诺（1548－1600年）的宇宙无限论如出一辙。）

由此可以知道，"宇"讲的是空间，"宙"讲的是时间，宇宙合到一起指的是所有的时空。

再往下追问：宇宙的中心在哪里？

其实，中国人对宇宙的界定隐藏着一个大秘密，那就是人或者自我在宇宙中的中心地位。"上下四方谓之宇"，是谁的"上下四方"？"往来古今谓之宙"，是谁的"往来古今"？

钟老师认为，"上下四方"、"往来古今"都是相对概念，是说话者的上下四方和往来古今。宇宙的中心应该是说话者，这就是人，更准确地说是自我。根据中国人对宇宙的认识，可以在某种程度上说自我便是宇宙的中心。事实上，就宇宙观而言，科学的进步一步步瓦解了人的中心地位，直至瓦解所有的中心。因为对宇宙而言，这个世界上最大的秘密是：无论怎么"想"，都"想象"不到宇宙的"尽头"。人类离自己越远，离地球越远，越找不到宇宙的中心。但理性探索对中心的消解并不能使人最终认清自我，作为一种实实在在生存在地球上的生灵，还必须返归人自身来认识一切，才不至于失去自我，迷失在无边的宇宙中。

原来，老师旁征博引，追根溯源，步步追问，就是要让我们明白，中国古人在认识自我问题上的智慧！在探索自我之旅中，中国人早就窥见了其中的秘密，自我就是人类心理的宇宙！这和美国著名心理学家威廉·詹姆斯的观点不谋而合啊！

（二）心理学与自我

心理学以人类个体为研究对象，试图透彻了解个体的心理与行为表现及其背后的原因，同时也试图透彻了解个体与个体之间的心理与行为表现及其背后的原因。于是，个体自身以及此个体与彼个体的关系就成了心理学研究的主要课题，用专门的术语来表达，这个话题即"自我"与"他人"。

对心理学而言，自我是一个核心问题。

两千年前苏格拉底提出"认识你自己"后，人们就开始了对自我的心理学探索。但较为科学系统地对自我的研究兴起于科学心理学诞生之后，迄今只有百年的历史。

威廉·詹姆斯是真正从科学心理学的角度来阐述与研究自我问题的第一位著名心理学家，在他的《心理学原理》一书中，首次提出将自我分为主我（the "I"）与客我（the "me"）两方面，并进一步作出了物质自我、社会自我与心理自我的划分。

自我的类型	含义
物质自我	涉及真实的物体、人或地点，指人们对躯体自我和躯体外自我的感知。
社会自我	指人们对如何被他人看待和承认的感知。
心理自我	指的是人们所感知到的内部心理品质，代表了人们对于自己的主观体验。

（三）什么是自我？

在心理学中，自我（self）、自我概念（self concept）、自我意识（self consciousness）常在相近的意义上使用，指的是对自己存在状态的觉察。包括自己的生理特征、心理特征、自己与他人的关系、自己在社会中所处的位置等，总之，就是对自己身心状况的认识。

自我是在社会交往中产生并在人的生命历程中不断变化的，它为处理关于我们自身的信息提供了一个框架。人们有关自我的知识包含着认知、情感、行为倾向诸成分。

1. "延伸自我"与"我的"

延伸自我属于詹姆斯所说的物质自我。

物质自我 $\begin{cases} 躯体自我 \\ 躯体外（超越躯体的）自我 \end{cases}$

延伸的自我包括所有的人、地方和表明我们是谁的部分。简单地说，就是我的所有物，它可以延伸自我，可以帮助界定自己。

詹姆斯认为，一种方式是可以通过考察我们对于某一实体的情感投入来判断某一实体是否是自我的一部分。另一种方式是看我们会如何对它作出反应。如果我们非常关注它，并花大力去提高和得到它，那么我们也能确定该实体是自我的一部分。

举例："延伸自我"在日常语汇中的表达就是"我的"。每个人的自我里，常常包含了"我的"，例如"我的儿子"、"我的房子"、"我的车子"等等。从这层意义上说，自我是什么？自我就是"我"加上"我的"。你要对谁好，就要关心"他"和"他的"。

此类倾向甚至可延及符号，例如一个人的姓、名、字、号等。

举例：一项关于内隐自尊的研究发现（Kitayama & Karasawa, 1997），日本学生偏好他们自己名字中包含的字母，胜过名字中没有的字母；他们偏好与自己生日中的月或日相对应的数字，胜过不在他们生日中出现的数字。

关于自我的两个案例

（1）"我没意见，但我老婆不同意。"

分析：你的"老婆"，还是"你的"，依然是你的自我；说"老婆"不同意，其实往往还是"自我"不同意，是自己拒绝的托辞。

（2）假设历史上李自成对吴三桂说："我封你为大将军，不过陈圆圆要充公……"吴三桂会如何反应？

分析：陈圆圆是吴三桂的"我的"，这依然是对吴三桂自我的侵犯；虽然历史的真相已难弄清，但确实有一种说法是"冲冠一怒为红颜"。

---

2. 对自我的进一步分析

自我的分类	含义	对应英语表达
主我（主观的我）	对自己活动的觉察者	I
客我（客观的我）	被觉察到的自己的身心活动	me

这种区分是威廉·詹姆斯提出的，可以帮助人们更深入地认识自我，例如辨别主动、被动的状态。中文里二者都用"我"表示，其区分要根据上下文判断。著名社会学家费孝通先生在读了别人为他写的传记后曾撰文一篇，标题为《我看人看我》，这里前一个"我"是主观的我，后者则是客观的我。

心理学中还有现实自我、理想自我的区分。前者指的是我们对当下自我的把握，后者指的是我们对未来自我的期许。如果说前面物质自我、社会自我、心理自我以及主我、客我的讨论涉及的是自我的空间部分，这里关心的则是自我的时间部分。现实自我和理想自我二者往往有差异（或叫差距），它提示的正是自我变化的可能。

关于自我的几组关键概念
主我（I）、客我（me）
物质自我、社会自我、心理自我
现实自我、理想自我

第二节　自我认识

案例分析：网络红人"芙蓉姐姐"的自我认识
网络上红极一时的"芙蓉姐姐"曾描述自己最喜欢的颜色：
蓝色：沉静深邃，像我的眼神一样的忧郁
黑色：神秘高雅，像我的头发一样的妖娆
灰色：凄凉冰冷，像我的泪水一样的惊赞
……
对于芙蓉姐姐，人们可以有各种各样的评判，不过有一点是大家公认的，那就是她"很自我"。芙蓉姐姐刚出道时就留下了这样的语录："我那妖媚性感的外形和冰清玉洁的气质让我无论走到哪里都会被众人的目光'无情地'揪出来。我总是很焦点。我那张耐看的脸，配上那副火爆得让男人流鼻血的身体，就注定了我前半生的悲剧。"另一个与芙蓉姐姐类似的凤姐也给人留下同样的印象。

一、一种分析的视角：聚光灯效应（spotlight effect）

每个个体都难免自我中心，群体也是一样。就如到别人家串门，主人隔门大喊一声"谁呀"，大多数人会不自觉地回答"我"。自我中心影响到人们对自己的认识，也影响到人们对外界事物的感知。自我传播的方方面面，都不难窥见自我中心思维的影子，聚光灯效应正是自我中心的延伸表现。

定义：聚光灯效应是基洛维奇和佐夫斯基于1999年提出的概念，也叫焦点效应、社会焦点效应，是人们高估周围人对自己外表和行为关注度的一种表现。它指人类往往会把自己看做一切的中心，并且直觉地高估别人对我们的注意程度。

我们总认为别人对我们会备加注意，但实际上并非如此。由此可见，我们对自我的感觉的确占据了我们世界的重要位置，我们往往会不自觉地放大别人对我们的关注程度，而且通过自我的专注，我们会高估自己在环境中的突出程度。聚光灯效应反映了人们自我认识的这样一种特征。

案例分析：基洛维奇的实验

让康奈尔大学的学生穿上某名牌T恤，然后进入教室，穿T恤的学生事先估计会有大约一半的同学注意到他的T恤。但是，最后的结果却让他们意想不到，只有23%的人注意到了这一点。

聚光灯效应是每个人都会有的体验，这种心理状态让人过度关注自我，过分在意聚会或者工作集会时周围人们对我们的关注程度。有时候总是不经意地把自己的问题放到无限大，总以为人家会注意到自己的一举一动，其实并不是这样的，没有人会像你自己那样关注你自己的。

（注意我～注意我～
大家肯定都在注意我）

这种体验大概每个人都经历过，比如自己在很多时候，以为自己的外貌、着装、言行被别人高度关注，甚至产生不自在、愧疚、尴尬之感，其实别人并没有那么在意，或者并没有如此注意。看来，以后不要太紧张，碰到这种时候，学会用心理学的理论，放松自己！学以致用啊！

二、认识自我之难

1. 认识自我：历史寻踪

认识自我不是一件容易的事，人类历史上不断寻找答案的努力证明了这一点。

时代	对自我的探寻
古希腊	哲学家们对人自身的起源的臆想。
文艺复兴时期	人们对自我的重新认识。
德国古典哲学时期	强调人的理性存在及其作用。
现当代	各种各样的哲学流派都离不开对人类自我问题的关注，心理学家也加入讨论自我问题的行列，例如人本主义的观点就是在突出人、突出自我的重要性。

2. 认识自我：文化的差异

时代是时间的观照，从空间上看，不同文化的核心部分也往往包含对自我的认识和讨论。

我们更关心的是中西方对自我的认识的差别。以"我是谁"的测试为例，可以发现中国人和美国人有很不一样的回答。

中国人	美国人
更多回答客观面（我们关心别人怎么看我们），更多回答与别人的联系	更多回答主观面（自己怎么想）更多回答独立的自己

通过比较可以发现，中国人更倾向于依赖的自我，美国人更倾向于独立的自我。

阅读书目：美国夏威夷大学心理学教授马塞勒、加州大学人类学教授德弗斯、西北大学华裔教授许烺光（他是心理人类学的创始人）合编的《文化与自我》（Marsella, A.J., Devos, G. & Hsu, F.L.K. *Culture and Self*, New York: Tavistock, 1985）集中展现了世界主要文化中的自我观念。

3. 认识自我：心理学的研究

（1）包梅思德在1998年出版的《社会心理学手册》中提出了自我状况三分法理论。

自我状况（selfhood）的来源 { 反身意识（reflexive consciousness）
人际存在（interpersonal being）
执行功能（executive function）

分析：三种来源中，反身意识是基础。只有当意识注意转向自身时，才能逐渐构成对自身的概念。没有反身意识，自我将没有意义或价值，而且几乎不会存在。自我是在社会中形成与发展的，自我状况的人际方面展示了自我是与他人相联系的媒介，而且自我是使人际关系和互动成为可能的关键。自我状况的执行功能从本质上揭示了自我发生作用的机制。如果没有这个功能，自我就只能成为事件的无助的旁观者，其作用或重要性就微乎其微了。

（2）我们对自我行为、自我情绪的预估准确性都比较差。于是，有心理学家提出双重态度系统的假设。

(1) 对自我行为预估的准确性

每年放寒假时，你可能计划假期看什么书，看多少书，并把这些书带回家。结果是假期结束时，并没有按计划看书，甚至很多书都没有碰过。但到下一个寒假，你可能仍然会计划看什么书，看多少书，然后将这些书带回家，也仍然可能不按计划看书，甚至不碰这些书。这个研究表明，我们很难对自己的行为做出准确判断，人们对自己行为的预期往往是不准的。

有心理学家做过这样的课堂实验，布置给同学们一个不算难的作业（大概一两天就可以完成），给他们比较宽松的期限交作业（例如两三个月），然后当场做问卷调查，问他们自己估计会什么时间把作业交上来。大多数同学估计一两周或两三周可以交，但实际结果是大多数同学在最后期限的前一天晚上才完成。

(2) 对自我情绪预期的准确性

高估情绪事件的研究表明，人们往往过高地估计自己对一些事件（尤其是负面的，比如失恋、考试失败等）的情绪反应，这说明人们对自己的情绪和行为的认识常常是不准确的。

双重态度系统 (dual attitude system)：人们对同一态度客体能同时存在两种不同的评价，一种是能被意识到并承认的外显态度，另一种是无意识的、能自动激活的内隐态度。

自动（内隐）vs 控制（外显）

弗洛伊德理论中很重要的一个概念是潜意识，很长一段时期心理学界因为潜意识无法实证观测而怀疑它的存在。近年来心理学的一些实证研究表明，潜意识确实存在，并且在我们的生活中发挥着巨大的作用。心理学大量的内隐研究，涉及的其实就是弗洛伊德当年所讨论的潜意识领域的问题。

弗洛伊德与"潜意识"

课堂扰乱报告的实验研究

这是一个心理学的实验。

用文字描述一个学生扰乱课堂秩序的情况，然后把它给被试看（这些被试都做过老师），看他们会给课堂扰乱者什么处罚。实验将被试分为两组，两组看同样的文字报告，但报告中所附照片不同。第一组所附的照片是长相不可爱的学生，第二组所附的照片是长相相当可爱的学生。

结果表明，尽管没有人承认受到相貌的影响，但处罚决定明显与学生长相相关，这说明被试潜意识中还是受到相貌的影响，因而不能做出公正客观的判断。

(3) 几率迟钝与联合谬误

心理学家通过实验发现，人们受到直觉判断的影响，往往会做出错误判断。以美国普林斯顿大学心理学教授、2002年诺贝尔经济学奖获得者丹尼尔·卡尼曼 (Daniel Kahneman) 为代表的一批心理学家在这方面做了大量研究。

关于几率迟钝和联合谬误的实验

(1) 上学期MBA课程上最优秀的一个学生会写诗，非常害羞，并且身材矮小。这个学生本科时主修什么专业？

　　A. 文学　　　　B. 心理学

(2) 琳达，31岁，单身，性格坦率，并且很聪明。她在大学时主修哲学。学生时代她对歧视和其他社会问题十分关注，参加过反核示威游行。

　　A. 银行出纳员　　B. 积极参加女权运动的银行出纳员

在实验（1）中，更多的人选了A，明显受到了会写诗这个信息的影响，而忽略了参加MBA课程学习的人来自心理学专业的更可能比来自文学专业多的事实，属于几率迟钝。在实验（2）中，更多的人选B，属于联合谬误，从几率来看，符合一个条件的可能性比同时符合两个条件的可能性更大，但被试往往受直觉判断的影响，做出错误判断。

分析：这两个例子都表明了代表性直觉 (Representativeness heuristic) 的影响。还有图式、非言语信息、一见钟情等等都说明直觉在生活中有重要的影响。甚至在做心理测试的时候，往往都会有这样的体会：凭直觉更容易判断，但想一想反而不确定了。

(4) 爱情发展理论

基于社会交换论立场发展出的爱情发展理论认为，爱情的发展要经过取样评估、互惠、承诺三个阶段。事实上，在这个过程中，人们并不能如理论所期待的那么理性，评估、互惠和承诺中，源自直觉的情感性因素往往是决定力量。

举例：对于恋人和父母来说，判断有明显差异，恋人因为深度卷入其中而很难启动理性判断，更容易受直觉性判断的影响；父母则相对置身事外，可以启动理性判断。所以说，恋爱中的女人是最愚蠢的，男人呢？当然也是一样。有句话说得好："当情感说话时，理智往往会听从。"

电影《爱德华大夫》中的经典台词

电影《爱德华大夫》中的台词：Will he kiss me or kill me?

这部电影是好莱坞著名悬念大师希区柯克的作品，是用电影艺术诠释弗洛伊德精神分析的经典之作。热恋中的女主角（精神科医生）没有听从自己老师（一个资深临床心理学家）的理性教导，而是选择了自己直觉的判断。

(5) 自我态度的变化：依从、认同、内化

在某些心理学家提出的态度形成模型中，态度的变化大概会经历从依从到认同再到内化的过程。

举例：孔子对自己人生的总结，可以做这个模型的注脚。

孔子对人生历程的总结

孔子说："吾十有五,而志于学。三十而立,四十而不惑,五十而知天命,六十而耳顺,七十而从心所欲。不逾矩。"

从自我态度变化的角度分析,儿时的孔子是依从,成年以后的孔子是认同,而所谓"从心所欲"是内化。内化意味着已经成为人的无意识,或者说潜意识。此时,直觉判断会更多地决定人的行为。当然,内化绝不是到70岁才发生,人们在接受社会文化规范的文化濡化（enculturation）的过程中,内化是在不断发生的。

三、人的自我认识来自哪里？

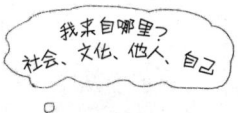

※ 简单地说,人们的自我认识主要来自社会、文化和他人的影响（或者说来自与他人、社会、文化的互动）,当然也包括自己的反省（自我沟通）。

1. "他人"与"自我"

对于自我认识的来源,不同学科不同角度的回答是不一样的。哲学家认同"我思故我在",这话是西方人笛卡尔说的。心理学家更喜欢"对他而自觉为我"的说法,这是中国人梁启超说的。

> 我思故我在

> 对他而自觉为我

人的自我认识是从"自我"与"他人"的互动中得来的,是从"自我"与"他人"卷入其中的社会实践中得来的。自我也不可避免地带上了社会文化的印痕。以中西文化对比而言,中国人的自我就带有更多的集体主义文化的性质,在说话甚至写文章的时候,都会使用更多的"我们"而不是"我"。

2. 社会对自我的影响

社会影响自我的方式	含义
社会角色	指与人们的某种社会地位、身份相一致的一整套权利、义务的规范与行为模式，它是人们对具有特定身份的人的行为期望，它构成社会群体或组织的基础。个体的角色扮演很大程度上决定了人们对自己的看法。
社会同一性	西方心理学的一个重要概念，也是埃里克森自我发展理论中的一个重要组成部分，可以把它理解为社会与个人的统一（社会同一性），个体的主我与客我的统一（个人同一性），个体的历史性任务的认识与其主观愿望的统一。
认知不协调	美国社会心理学家 L. 费斯廷格（Leon Festinger）于1957年提出的一种社会认知论。包含两个认知要素：一是关于自身特点和自己行为的知识；二是关于周围环境的知识。认知要素间有三种关系：无关系、协调一致、不协调。当认知不协调发生时，人们会努力改变这种状况，使自己的内心世界没有矛盾。

埃里克森的人格发展八阶段理论

爱利克·埃里克森（Erik H. Erikson, 1902—1994），美国神经病学家、发展心理学家和精神分析学家。他提出人格的社会心理发展理论，把心理的发展划分为八个阶段，指出每一阶段都面临着一个特殊矛盾，矛盾的顺利解决是人格健康发展的前提。他既承认性本能和生物因素的作用，同时更强调文化和社会因素的作用，认为社会环境决定了与任何特定阶段联系的危机能否获得积极的解决。

社会比较和反射性评价

认识自我的途径	含义	方式	备注
社会比较	了解自我的重要途径。要知道在某些具体的品质或能力上自己处于什么位置，就需要将自己与他人相比。	为作出准确评估，要与自己类似的个体进行比较；为获得较高的满意度，要与比自己稍逊的人比；为获取上进的动力，要与比自己略强的人比。	费斯廷格（1954）最先对社会比较过程进行了研究：关于自己的结论在很大程度上依赖于和谁进行比较。

反射性评价	观察别人对自己所做出的反应，这种过程叫做反射性评价。	首先，我们对我们在他人眼中的形象进行想象；第二，我们想象他如何评价我们；第三，我们因这种想象里的判断而感觉好或不好。	美国著名社会学家、社会心理学家库利提出的观点。

社会比较和反射性评价都是人们常有的心理倾向。例如，人们对成功和失败的认知，往往就是基于社会比较而得出的结论。又如在聚会上你讲了一个笑话，并察觉到周围的人都笑了，你就有理由推断自己是一个有幽默感的人，这就是建立在反射性评价基础上的结论。

金奇（Kinch）将库利关于反射性评价的思想用于解释人们关于自身的想法是如何发展的问题上，其模型如下：

该模型中，他人对自己的看法（真实评价）经过知觉评价间接影响到自我评价。

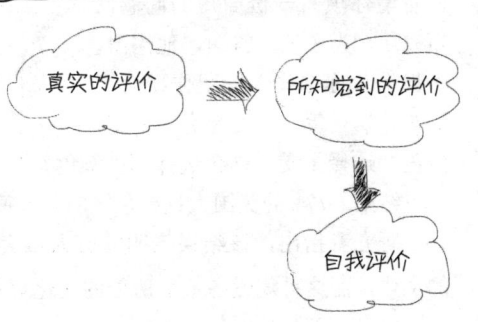

真实的评价 → 所知觉到的评价 → 自我评价

> **埃尔森等人（Elson, Kenny & De Paulo）的研究**
> 一项针对大学生的调查包括群体、室友或熟人。学生对他们自己和彼此在大量维度上进行评分（如你认为Y会怎么评价你的吸引力？）。最后，检验真实评价、知觉评价和自我评价间的关系。
> 他们的研究表明，金奇的模型也有一定的限制。人们对于了解特定个人对于他们的想法并不那么在行，人们很少给予他人负面反馈，所以很少得出其他人不喜欢他们或对他们有消极评价的结论。

3. 文化与自我

除了社会的影响，心理学家也检验了文化对自我的作用。依据文化心理学中个人主义文化与集体主义文化的区分，发现与之相对应的自我概念也可能有差别。

"个人主义" vs "集体主义"

"独立型自我" vs "依赖型自我"

举例：在称呼上，中国人的各种关于"我"的表述中，较多用"我们"，西方则较多用"我"。

选笔（金和马库斯，1999）

马库斯（Markus）等人认为，不同的文化即个人主义文化与集体主义文化将对应不同的自我结构：独立型自我和依赖型自我。而不同的自我结构可以预测解释个体在情绪、认知、动机等方面的差异。

在某个公共场所，心理学工作者请你填写一份简短的问卷，填完后，为了表示答谢，他掏出一把笔让你选择1支留作纪念。例如，5支笔，4支绿色，1支橙色。选择1支，你会选择哪种颜色？

结果：77%的美国人选橙色，31%的亚洲人选择绿色。

研究者指出，该结果表明既有人偏爱独特性的文化，也有人偏爱一致性的文化，而这种偏爱与他们所处的文化背景有关。

思考：文化的差异无所不在

我们可以从广告传播中看出中西文化的差异吗？西方可能更重视个人独特性，中国可能更重视大众策略？"这款车跑得很快"或"这款车让你更成功"更容易打动中国人？还是西方人？为什么？

在电影中存在这种差异吗？比较一下好莱坞的《空军一号》、《独立日》等反映美国总统率先战斗（甚至是孤身搏斗）的电影和中国的一些战争题材电影，谁更个人主义、谁更集体主义？

小结

人们的自我认识大部分来源于社会化（socialization），即个体随着成长获得社会规范的过程。从出生开始，我们的父母、亲友、老师等就会用社会文化提倡的方式对待我们，我们也能感受到周围社会文化的熏染。社会化过程是人们早期经验的核心，随后这些经验逐渐发展，最终成为自我认识的重要组成部分。社会、文化与自我之间的关系，是我们理解自我的重要的内容。

4. 内省、自我知觉和归因

社会文化、内省、自我知觉和归因在自我认识形成过程中表现。

影响自我认识形成的因素	在自我认识形成过程中的作用
社会文化	外在因素
内省、自我知觉和归因	个人化的过程

内省——了解自我的重要方式。

	含义	举例
内省	指个体向内感知自己的态度、情感、动机等心理活动。	曾子"吾日三省吾身"。

内省是人类感知自我的一种独特方式,很长一段时间也是心理学提倡的感知自我的方式(例如冯特创立科学心理学时就很强调内省法)。

米尔格拉姆等(S.Milgram & J.Sabini, 1978)的纽约地铁实验

美国著名社会心理学家米尔格拉姆以在研究中常有奇思怪想著称,学过心理学的人都会记得他的经典的服从实验。他还做过一个纽约地铁的现场实验,让大学生径直走到有座位的乘客面前,要求乘客给自己让座。有多少人会让座呢?

"对不起,我能坐一下你的座位吗?"

56% 让出,12% 侧身让出一些地方。

实验进行前人们的预测是 15%。

如此结果的原因还是自我意识的作用,人们时常向内自我反省。每个人都希望能很好地解释身边的各种现象,米尔格拉姆让大学生说的是一句很突兀的话,颇不符合社会规范,那些让座的乘客是自己在心里补足了理由,例如"他这样说话恐怕是很不舒服或得了重病"、"不知道这是什么人,要是不让大概会有麻烦"等。如果大学生的问题更具体些呢?如:"我站着没法看书。我能坐一下你的座位吗?"这时候,让的人大大减少了。

> 他这样说话恐怕是很不舒服或得了重病。

> 你坐吧！

> 对不起，我能坐一下你的座位吗？

想起曾经有过一次这样的经历，在拥挤的公交车上，出现中暑的症状，有些支持不住，便对旁边坐着的一位乘客说了类似的话，他还没反应过来，便站起来让我坐下。等我落座，道谢时，他才"醒悟"，追问：你怎么了？不舒服？看来，米尔格拉姆的这个实验在中国做，可能也会得到相似的结果哦。

> 我站着没法看书。我能坐一下你的座位吗？

人是规范的遵从者，人是意义的追寻者。我们无时无刻不在对自己的行为和他人的行为做出归因，这种归因反过来影响我们的行为。同样，对"人是什么"的问题也一直众说纷纭、仁智互见，而传播心理学的研究反复证明的观点是：人是社会的动物，是符号的动物，是意义的动物。

心理学有研究证明，当人们反省原因时会出现问题，即对我们为什么这样想的原因想得太多会降低（而不是提高）自我认识的准确性。

自我知觉 (self perception)

	含义	举例
自我知觉	指人们可以从自己的行为中推断出自己的一些特征。	在观察自己的过程中会发现自己比较喜欢某些事物、某类活动或某些人。通过观察这些有规律的现象，人们获得了关于自我的知识。

莱尔德 (Laird, 1974) 的研究

诱导被试在自己读一系列卡通故事时表现出微笑和皱眉的行为。被试认为那些微笑时读的卡通更有趣，并更喜欢这些微笑时读的卡通。根据自我知觉理论，被试认为"哦，我笑得很厉害。我猜我认为这些卡通是更有趣的。"

这项研究表明，我们常常是通过我们行为表现来推测自己的内心的。

（气泡）这些卡通故事读起来好有趣啊

归因 (attribution)

	含义	举例
归因	因果归因是对为什么的回答。人们对他们自己的生活事件所做的归因构成了自我认识的重要来源。当人们对正面或负面实践做归因时尤其如此。人们还可以通过对他人行为的归因而获得自我认识。	可以看看汶川地震中范美忠（俗称"范跑跑"）的案例。

孔子的归因

在《吕氏春秋·审分览·任数》中，记载了下面的故事：

孔子穷乎陈、蔡之间，藜羹不斟，七日不尝粒，昼寝。颜回索米，得而爨之，几熟。孔子望见颜回攫取其甑中而食之。选间，食熟，谒孔子而进食。孔子佯为不见之。孔子起曰："今者梦见先君，食洁而后馈。"颜回对曰："不可。向者煤室入甑中，弃食不详，回攫而饭之。"孔子曰："所信者目也，而目犹不可信；所恃者心也，而心犹不足恃。弟子记之，知人固不易矣。"

从故事中可以看到孔子的归因。

首先，是从行为推断人。孔子看到颜回从甑中取食，便推论颜回一定是饿极了，偷食了珍贵的米饭。这种将人的行为的原因归到人本身的归因倾向，在心理学里称为"基本归因偏差"。

紧接着，颜回解释了他从甑中取食的缘由，是看到脏物落到饭中，又不愿将食物遗弃。孔子受到震撼，说了一段关于知人的千古名言。这在心理学里面称为"观察者—行动者差异"，说的是大家站的角度不一样，做出的归因也不一样。

第三节　自我管理：控制行为与解释行为

自我传播也称内向传播，自我传播在一定意义上是方向朝内的，这一节"自我管理"就主要讨论自我传播中朝内的功能。

说起自我传播朝内的功能，主要就表现在组织和管理上。

组织：对各种信息的组织。其实，就像我们每个人自己的书架一样，我们有自己的摆放原则，也就是自己的图书分类系统。同样，我们对自己的各种想法也有各种归类系统，人们有自己的思想框架，当外界新的观点、理念进入时，我们会按照自己的思想框架对其进行梳理归纳。

管理：对各种行为的管理。我们常说自我管理，例如自我规范、自我修养的提升。中国古代儒家讲究的"修齐治平"，就是一种管理的功夫。但管理会耗费心理能量，心理学家做过这样的实验，把被试分成甲乙两组，给以不同的自我管理任务，检验两组完成任务的情况。

实验：自我管理
任务1：甲组不许想白熊（压抑念头），乙组无此任务；
任务2：甲乙两组看喜剧不准笑（情绪控制）。
结果：甲组在完成任务2时比乙组表现差。
甲组在任务2中自控力差，是因为这组被试比乙组多了任务1。我们在生活中都有体验，让你不想某种事物，你偏偏按捺不住要去想，其实"不许想"本身就有启动效应。这种自我管理需要支付心理能量，所以甲组任务2就完成得不如乙组了。由此可见，人的心理能量是有限的，而自我管理、自我控制会消耗心理能量。

一、自我效能（self-efficacy）

定义："自我效能"就是一种知觉到的自我控制。自我效能也是指人们对自己实现特定领域行为目标所需能力的信心或信念，简单来说就是个体对自己能够取得成功的信念，即"我能行"。

自我效能感可区分为高自我效能感和低自我效能感两种。

自我效能感	特点
高自我效能感	认为自己有能力获得成功、克服困难、达成目标。
低自我效能感	怀疑自己的能力，不相信自己能够达到目的。

> 我能行!

班杜拉（Albert Bandura）关于自我效能感的观点

人们关于他们自身能否成功的信念对于自身调节过程有很大影响，著名心理学家班杜拉称这些信念为自我效能感，指个体在特定情景中从事某种行为并取得预期结果的能力，它在很大程度上指个体自己对自我有关能力的感觉。班杜拉的自我效能感概念包括两个成分，即结果预期和效能预期，其中结果预期是指个体对自己的某种行为可能导致什么样结果的推测；效能预期是指个体对自己实施某行为的能力的主观判断。

> 自我效能感和自信、自卑是什么关系？我感觉自信就是高自我效能感，自卑就是低自我效能感，可以这样理解么？找老师问了这个问题，老师说，应该是正向的关系。不过，自尊里面包括两个内容：(1) 我能行；(2) 我喜欢我。这里只是 (1)。

二、习得性无助 (learned helplessness)

本来可以主动逃避，却绝望地等待痛苦的来临，这就是习得性无助。

习得性无助

"习得性无助"是美国著名心理学家塞利格曼（Martin Seligman）1967年在研究动物时提出的。他用狗做了一项经典实验，起初把狗关在笼子里，只要蜂音器一响，就给它难受的电击。狗关在笼子里逃避不了电击，就在笼子里东奔西逃。多次实验后，蜂音器一响，狗就趴在地上，惊恐哀嚎。后来实验者在给电击前，先把笼门打开，此时狗不但不逃而是不等电击出现就先倒在地开始呻吟和颤抖。

1975年塞利格曼用人当受试者，结果使人也产生了习得性无助。实验是在大学生身上进行的，他们把学生分为三组：让第一组学生听一种噪音，这组学生无论如何也不能使噪音停止。第二组学生也听这种噪音，不过他们通过努力可以使噪音停止。第三组是对照，不给受试者听噪音。当受试者在各自的条件下进行一段实验之后，即令受试者进行另外一种实验：实验装置是一只"手指穿梭箱"，当受试者把手指放在穿梭箱的一侧时，就会听到一种强烈的噪音，放在另一侧时，就听不到这种噪音。实验结果表明，在原来的实验中，能通过努力使噪音停止的受试者，以及未听噪音的对照组受试者，他们在"穿梭箱"的实验中，学会了把手指移到箱子的另一边，使噪音停止；而另一组受试者，也就是说在原来的实验中无论怎样努力，不能使噪音停止的受试者，他们的手指仍然停留在原处，听任刺耳的噪音响下去，却不把手指移到箱子的另一边。

在电影《肖申克的救赎》中，老布和安迪的表现有何不同？

分析：在牢中关了多年的老布表现出来的观念和行为就是典型的习得性无助，出狱后难以适应新生活自杀身亡；主角安迪则体现了积极的一面，最终越狱成功。自我的不一样，造成了结果的巨大差异。

三、控制点（locus of control）理论

控制点理论由社会学习论者罗特（J. Rotter）提出，亦称控制观。个体在周围环境（包括心理环境）作用的过程中，认识到控制自己生活的力量，也就是每个人对自己的行为方式和行为结果的责任的认识和定向。分内控和外控两种，前者指把责任归于个体的一些内在原因（如能力、努力程度等），后者则是指把责任或原因归于个体自身以外的因素（如环境因素、运气等）。实际上，这就是一种归因风格的差异。

心理学家还区分了两种自我觉知类型：

内在自我觉知（在乎自己感受）vs 公众自我觉知（在乎别人评价）

像控制点一样，不同的个体觉知类别不同。此外，或许也有文化差异。例如中国人和美国人，自我觉知就会有所差异，中国人更符合后者，美国人更符合前者。

四、自我决定与选择的后悔

选择的困境

自我决定、自我选择与他人决定、他人选择是一物之两面，有着此消彼长的关系。当人们缺乏选择权的时候，十分希望能自主掌握对事物的决定权。但任何事情都有一个度，太多的自我决定和选择也可能带来选择的后悔。

> **两种自我选择**
>
> （1）计划与市场哪种制度好？
>
> 分析：这恐怕不是一个可以简单回答的问题。这里牵涉到的，是自我的选择判断以及选择之后的满意与不满意。
>
> （2）电视频道越多越好吗？
>
> 分析：频道越多越好吗？在频道资源日益丰富的今天，可供选择的频道很多，但似乎观众的满意度并未因为频道可供选择的丰富性而提升。为什么？

举例：心理学家让人们做出如下选择：从 30 种食品中选择与从 6 种食品中选择，谁的满意度更高？结果后者满意度更高。选择太多，一方面增加了认知困难，另一方面选择之后人们后悔的可能性越多。

> **日常生活中的自我选择**
>
> 下面是某运营商提供的手机资费标准，做出选择容易吗？
>
> 96 元套餐：语音通话 240 分钟，流量 300MB，12 个 M，20 个 T，可视电话 10 分钟
> 126 元套餐：语音通话 320 分钟，流量 400MB，20 个 M，20 个 T，可视电话 15 分钟
> 156 元套餐：语音通话 420 分钟，流量 500MB，20 个 M，40 个 T，可视电话 20 分钟
> 186 元套餐：语音通话 510 分钟，流量 650MB，20 个 M，40 个 T，可视电话 20 分钟
> 226 元套餐：语音通话 700 分钟，流量 750MB，30 个 M，40 个 T，可视电话 25 分钟
> ……

不得不感慨一句，在平常的日子里，我们不止一次遭遇这样的选择，不止一次犹豫不决，不是可选择的太少，而是可选择的太多，叫人眼花缭乱，做出选择实在是不易！选择完了之后接踵而至的就是后悔啊！

第四节　自我表露与交流

本讲讨论的重点是自我传播，自我传播是人类一切传播活动的基础，没有自我传播，便没有其他任何形式的人类传播。但自我传播不仅仅是一个人内在的交流，心理学家更认同"对他而自觉为我"的说辞，这是与哲学家大不同之处。于是，他人的存在是自我的一个潜在前提。上一节主要讨论了自我传播对内的部分，这一节则主要谈谈自我传播对外的部分。我们要了解在与他人进行沟通时，自我如何参与其中。我们关注的焦点是一个人如何展示自我，如何表露自我。

一、感知与自我展示

感知是人类最基本的心理活动，对内即自我感知，对外即对外物和他人的感知。感知是人类认识世界的开始，是人类信息获得的源泉。

	感知	
	对自我的感知	对他人的感知
对应的传播类型	自我传播	人际传播及在此基础上的其他各种形式的传播

每一个人在与他人交流的时候，都有一个如何展示自我的问题，而展示自我是建立在对自我的感知和对他人的感知基础上的——我是什么样的人？我的哪些部分可以展示？对方是什么样的人？他会如何感知我的展示？等等。人们希望将自己最好的部分展示给他人，例如求职、约会等等场合。我们的印象管理（也叫印象整饰）还有角色扮演都是这类功夫。精神分析的创始人弗洛伊德很早就讨论过人类的文饰作用（rationalization），而动物行为学家发现，在动物那里也有类似的文饰作用，如我们所熟知的猫洗脸等。

传播学中有著名的戏剧主义理论，如社会学家戈夫曼（Erving Goffman）的拟剧理论，该理论认为人生就像一个舞台，每个人都在扮演种种角色。这种角色扮演往往依赖于具体的情境，即人们会根据自己所处的情境来选择扮演什么角色以及如何进行角色扮演。从传播心理学的角度来看，就是一个人的感知和展示的过程吧。

> **课堂训练**
> 设想对不同人的自我展示，会有什么不同呢？
> 例如交警、朋友、爱人。

二、自我表露

自我表露也叫自我暴露、自我坦露，个体向他人展示自己私人方面的信息。

	要素	含义
自我表露涉及的关键点	他人	信息接收方，是由"此我"到"彼我"，扪心自问或撰写锁在抽屉里的日记等行为不是自我表露。
	私人信息	传递他人都知道的或公开的关于个体的信息算不上自我表露。
	真实的自我	呈现的信息是可靠的，是自己认为可靠的，是推心置腹，是坦诚相待，是在信任的前提下向他人展示自我的私密空间。

以前的自我表露在面对面的人际沟通中发生，现在媒介中也有很多自我表露的例子，较为典型的有征婚广告，以及许多都市类报刊中情感倾诉的文字，现在网络上还可以用视频展示私密自我的内容。

征婚广告中的自我表露

下面是当今媒体上一些征婚广告的实例，可以从征婚者自我表露的角度进行分析。

男部（知音婚介）
未婚年收 60 万住房多套名车代步志存高远英姿勃发
未婚资产数百万住房三套私车代步骁勇善战威武雄健
离异资产千万高级住宅二套名车代步文韬武略一代英杰
女部（知音婚介）
未婚云淡风轻秀美精灵
未婚眉目传情楚楚动人
未婚清新淡雅笑靥如花

中国的征婚广告中，男女征婚者想要展示的内容值得注意。在这里，男性侧重于社会经济地位、个人能力等，女性侧重于外表形象、素质修养。这既是当代中国社会情境在个体心理上的反映，也有传统文化里的婚姻观如男才女貌的遗存。

钟老师说，中国的心理学家对征婚广告已经给予了一定的关注，《心理学报》上就发表过社会心理学家的相关研究，做的就是文化心理学和进化心理学的讨论。

三、人际沟通中的自我表露

在人际沟通行为中，心理学家提倡一定的自我表露。其实，人际关系的深浅就可以用自我表露的程度来衡量。

自我表露对人际关系的影响	
恰当的自我表露	缺少自我表露
可以提升人际关系，让人与人之间更加亲密。	只能离群索居，孤芳自赏。

约哈里之窗（Johari Window）

"约哈里之窗"是由两位美国心理学家约瑟夫·勒夫（Joseph Luft）和哈里·英格拉姆（Harry Ingram）在20世纪50年代提出的，所以就以他们俩的名字合并作为这个概念的名称。当时他们正在从事一项组织动力学的研究。现在，"约哈里之窗"已经成为一个广泛使用的管理模型，用来分析以及训练个人发展的自我意识，增强信息沟通、人际关系、团队发展、组织动力以及组织间关系。"约哈里之窗"也被称为"自我意识的发现——反馈模型"或"信息交流过程管理工具"，涉及人们的情感、经验、观点、态度、技能、目的、动机等等。"约哈里之窗"可以帮助我们认识自我，心理学家也发明了一些自我表露的练习提高人们的敏感性。例如在小组中成员相互表达特定情境下（最成功时、最失败时、最得意时、最尴尬时、最愉快时、最伤心时……）自己的想法、感受、需求等等。

The Johari Window

	Known to self	Not known to self
Known to others	Open	Blind
Not known to others	Hidden	Unknown

Open/ 公开区域（公开的自我）	所有自己知道、他人也知道的信息
Blind/ 盲目区域（盲目的自我）	关于自我的他人知道而自己却不知道的信息
Hidden/ 隐秘区域（隐蔽的自我）	自己知道而他人不知道的信息
Unknown/ 非知区域（未知的自我）	自己不知道、他人也不知道的信息

钟老师大课堂："我"的问题

钟老师说，"我"的问题是一个枢纽。人际关系的建立和改善，其实不在别人而在自己。我们能改变别人么？回答是"很难说"。但我们起码可以改变自己，改变了自己之后，别人也可能随之改变。对自我表露的研究发现，"表露导致表露"是一个基本规律，也就是说，自我向他人的表露，很可能换得他人以"自我表露"来回报。相互的自我表露，便拉近了"此我"与"彼我"的距离。沟通与交流，还是那句老话：从我做起。

在生活中，自己或身边的人，谈到人际关系时，往往都很羡慕那种人际关系很好的人，却少有人去反思自己。中国人说坦诚相待，以心换心，其实都说明了只有你真诚地袒露自己，对方才可能以礼相待，以心相交啊。不过，要注意的是，这里的坦露是"一定的袒露"，即要有原则，要视对方是谁，要有一个合理的判断，要把握好标准。这个做起来还是蛮不容易的！

第六讲 人际沟通与人际关系

本讲内容提要
你、我、他的相遇：人际沟通的发生
情境定义与表演艺术：人际沟通的实质
人际的连通：人际沟通与人际关系
挡不住的呼唤：手机与人际交往

自我展示与表露已经涉及人际间的沟通，在人类的各种传播活动中，人际传播（沟通）最直接地体现了人与人之间的社会关系。本讲具体从人际关系的角度来讨论人际间最基本的沟通方式——人际沟通。

第一节 你、我、他的相遇：人际沟通的发生

一、什么是人际沟通？

发生在两个或两个以上的人之间的传播行为，从远古延续至今，就是人际传播，也叫人际沟通。

时代	人际沟通的特点	人际沟通的方式
远古时期	群居，面对面沟通	口语传播
文字发明后	大约在公元前3000年左右，进入跨时空延时传播阶段	口语传播；书信传播等
电子传播时代	既可以面对面，也可以通过电子媒介跨空间实时沟通，或跨空间延时沟通	口语、书信、电话、电报、网络等传播方式

二、人际沟通的地位

人类各种传播活动中，人际沟通无疑是最古老、最基本的形式，一切其他形式的人际间的传播无不以人际沟通为基础，是它的某种延伸或变形。

你、我、他相遇，借助各种符号传递信息、交流思想、表达情感，无疑是最平常、最普遍的事。从简单的手势比划到丰富瑰丽的神话，从口口相传的现实交流到网络时代的虚拟互动，虽然传播形式随着媒介和符号发生了种种变化，但人际传播始终是人类生存的一种基本方式，一种基本手段。

三、人际沟通的类型

分类研究是传播研究的一种基本方法。对人际传播而言，根据其使用的媒介、传播的时间、空间的差异可将其划分为不同的种类。

分类标准	人际沟通的类型	
按是否使用人体自身以外的媒介分	亲身传播（沟通）	间接传播（沟通）（如写信、打电话、网络聊天等）
按使用媒介分	言语传播（沟通）（如交谈、讨论、对话）	非言语传播（沟通）（如做手势、眉目传情）
按传播时间分	即时传播（沟通）	延时传播（沟通）

<u>人际传播经历了从亲身到间接，从即时到延时的发展过程。</u>

根据媒介的分类，人际间的互动也可大致划分为三个阶段、对应三种不同的媒介：

传播媒介的类型

人类传播的发展依赖于传播媒介的发展，人类传播发展的历史可以说就是一部传播媒介的演进史。

关于媒介类型的研究很多，美国传播学家 A. 哈特（A. Hart）把有史以来的传播媒介分为三类：

媒介类型	特点
示现的媒介系统	人们面对面传递信息的媒介
再现的媒介系统（包括绘画、文字、印刷和摄影等）	对信息的生产和传播者来说需要使用物质工具或机器，但对信息接收者来说则不需要
机器媒介系统	传授双方均需使用机器

人际沟通的类型	主要媒介形式
面对面沟通（即时传播）	语言
延时传播	文字
电子传播	电信号

四、面对面沟通

(一) 面对面沟通需要的条件

面对面人际互动需要的条件 {
两个或更多有关系或试图建立关系的人；
拥有某种共同的经验范围；
有需要交流的信息；
共处于具体的时空情境。

时空情境和共同的经验范围决定着对信息的传递与理解。

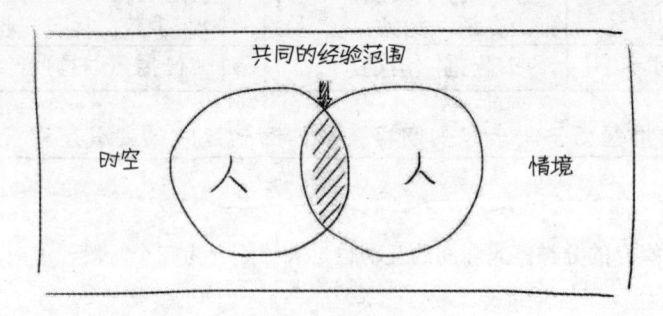

人际沟通中时空情境和经验范围的决定作用

(二) 面对面沟通的特点

互动的主体共处于特定的时空中，人的各种感觉器官均可参与到互动中，可看、可听、可摸、可闻、可尝，是一种生动的、充满着人性的交流方式。

它不依赖于某种单一的媒介，而是调动人的全身心去体验，所以更容易建立起让人信赖的亲密关系。亲密关系能为处于纷繁复杂的社会关系中的个体提供心理上的慰藉、行动上的指南。

五、延时传播与人际交往的扩大

文字的产生 ➡ 延时传播的出现
适应人类交往的需要

(一) 文字是异地传播的主要媒介

文字是人类最伟大的发明之一，它导致了一种新的传播方式，甚至是一个新时代的出现。

作为一种体外化传播媒介，文字使人摆脱了面对面传播的限制，延伸了人际传播领域。

从《春江花月夜》看文字传播对空间局限的突破

后人评价张若虚此作为"孤篇横绝，竟为大家"，就是这样一首词，可以让生活在不同时代不同生活空间的人产生强烈的情感共鸣："人生代代无穷已，江月年年只相似。不知江月待何人，但见长江送流水。"从中我们可以体验到什么是永恒什么是短暂。如果没有文字，很难想象这种延续数千年的心灵沟通。有了文字以后，不同时代的人便可以通过文字进行延时沟通，面对面沟通的时间局限被打破了。

（二）延时传播的局限

延时传播的局限	未能完全跨越时空的障碍	会导致信息的遗失（或信息缺失无法传达）
原因	人与人之间信息的传递依赖于人类通讯的速度，电子手段普及前，人类的通讯速度是有限的。	传播过程中各种因素的影响。
案例	哥伦布给意大利皇后写了一封"瓶装信"，这封信在海上漂流359年才被发现，这是历史上有记载的投递时间最长的信。	法国流传一个故事：大文学家雨果收到一封信，信封上写着"法国最伟大的诗人收"，他没有拆，而是把信寄给缪塞，缪塞又寄给拉马丁。这些文坛巨人都自认为没资格来拆开这封信。它成了一封没有被人开启的信。

马歇尔·麦克卢汉（Marshall McLuhan）的媒介观

(1) 马歇尔·麦克卢汉（Marshall McLuhan, 1911 — 1980）简介

加拿大著名传播学家，文学学者，媒介环境学的创始人。被誉为信息社会、电子世界的"圣人"、"先驱"和"先知"。他是20世纪名副其实的富有原创性的传播学理论家。提出了"地球村"、"媒介是人的延伸"、"媒介即信息"等著名媒介理论，其思想现在仍然对若干学科产生影响，尤其是对媒介研究、现代艺术和符号学产生了重大的影响。时至今日，没有人提出比麦克卢汉的观点更令人惊心动魄的媒介观。

(2) 麦克卢汉的主要观点解析

麦克卢汉的媒介观	含义
"媒介即信息"	媒介本身（而不是媒介传播的信息）才是真正有意义的信息，不同媒介意味着不同的信息传递、不同的传播效果，乃至不同的思维方式。人类传播和其他社会活动总是与一定的媒介相适应的。
"媒介是人体的延伸"	媒介是人的感觉和感官的扩展或延伸，文字和印刷媒介是人的视觉能力的延伸，广播是人的听觉能力的延伸，电视是人的视觉、听觉和触觉能力的综合延伸。
"媒介可分为热媒介和冷媒介"	所谓热媒介和冷媒介，是麦克卢汉根据不同媒介传递信息时受众的卷入程度来划分的，热媒介传递的信息比较准确，受众不需要深度卷入；冷媒介则相反，它传递的信息量少且不清晰，需要多种感官的卷入才可以被很好地理解。如口语是高清晰度的，因此理解时卷入程度低，属于热媒介；文字是低清晰度的、高度抽象的，需要深度卷入才能把握，是冷媒介。

(3) 用麦克卢汉的观点分析面对面的互动和延时传播

人际传播类型	媒介	媒介	特点
面对面的互动	口语媒介	热媒介	互动双方可运用声音之外的多种非言语符号，还可借助情境传递更丰富的信息。
延时的人际互动	文字媒介	冷媒介	互动双方跨越时空的限制，范围扩大了，适应了新的社会需求。

六、电子对话——跨越时空的人际沟通

电报、电话、手机、E-mail、网络，这些电子传播方式瞬息之间颠覆了传统的人际互动。经过一个多世纪的时间，人类最终突破时空的限制，实现了异地同时对话，跨越了从传统的面对面的互动到电子互动的鸿沟。

今天的孩子，或许已不懂得"家书抵万金"的涵义，但他们可能拥有异国他乡的朋友；或许在生活中沉默寡言，却在网络中激情飞扬。

网络联系起来的世界

（一）电子对话概念的提出

> **电子对话**
>
> 1988年，美国学者桑德拉·鲍尔-洛基奇（Sandra Ball-Rokeach）等人提出了电子对话（telelog）的概念。她们认为：
>
> 大众传播是独白式的传播形态，人际传播是对话式的传播形态，而以信息传播新技术为手段的传播，则是电子对话式的传播形态。这种划分揭示了一个毋容置疑的事实：电子媒介的参与不仅使大众传媒成为现代社会的重要标志，而且将人类推入人际互动的新境界。

（二）电子对话的特征与意义

	特征	意义
电子对话	无时空限制的高速信息互动； 多媒体参与的丰富的信息传递； 虚拟面对面互动的人性化方式。	彻底打破时空限制进行快速信息互动； 一定程度上满足了现代人对现实的面对面的互动的期待，克服了流动的现代人的时空距离感，又一次将人们聚集起来。

这种聚集超越了时空，是一种螺旋上升式地回归，也就是麦克卢汉所谓的重新部落化。

第二节　情境定义与表演艺术：人际沟通的实质

一、情境（context）

人际互动与其他传播类型相比，有一个重要的特征，即情境性。

传播类型	与情境的关系
人际沟通	依赖情境，是一种互动个体运用符号进行的情境性表演（这是人际互动的本质）。
组织沟通、大众传播、网络交流	不强烈地依赖于情境，甚至会试图克服来自情境的压力。

人际沟通的情境指人际互动发生的具体环境，主要包括时间、空间、人际关系三个基本要素。情境规定了人际互动行为的框架，情境意义与信息意义交织在一起，形成人际互动的意义表达，左右着互动个体间的相互理解。

情境的三个基本要素 { 时间　空间　人际关系

有一则笑话说，某次婚宴结束后，新郎送别朋友，很客气地说："这次招待不周，下次一定好好款待。"

> 这次招待不周，下次一定好好款待。

分析：新郎将中国人惯常的谦虚、客气的送客方式运用到特定的情境中，引起了误解：难道你还会再次举行婚礼？这与婚礼上人们祝福新人百年好合的美好意愿相违，会被认为不吉利，或者至少是不妥的说法。这里的问题，就在于对情境的忽略。

	性质	备注
情境	客观的	
情境定义	主观的	依赖于客观标准，如文化标准

讨论：生日晚会、婚礼、追悼会、工作、娱乐等情境的主要差异。

二、表演艺术

莎士比亚说，整个世界是一个舞台，所有男女不过是这个舞台上的演员。<u>人际互动也是在具体情境中进行的表演，这种表演通过符号进行。</u>

欧文·戈夫曼（Erving Goffman）的"拟剧理论"

自我展示和自我表露部分提到过欧文·戈夫曼的拟剧理论，拟剧理论揭示了人们如何运用符号进行表演，并使表演取得良好效果，其研究重点在"互动"，就是"在互相直接见面的时候，一个人与另一个人行动的交互影响"。人与人之间的信息互动也是一种借助于符号进行的表演。它有以下特征：

依赖于情境定义；
借助于互动双方或多方可以解读的符号；
以传递信息为目的。

"人是符号的动物"，个体可以充分运用符号表情达意，实现人际间的互动。根据戈夫曼的观点，人际传播的过程就是人们表演"自我"的过程，但这个"自我"并非真实的自我，而是经符号乔装打扮了的"自我"。

一位中产阶级家庭主妇，认真地准备她要举办的家宴，精心地打扫她的房间，挑选合适的衣服，梳妆打扮等，所有这些都是表演，目的在于想留给客人一个良好的印象，那就是她是一位富有魅力、和善而称职的主妇。在宴会上，她热情大方地招呼着每一位客人，尽量避免单独和某人谈话而冷落了别的客人，注意对所出现的任何意外情况表现出宽容态度，极力掩饰自己的疲劳或对个别客人的不满情绪。当客人们走光后，这位主妇会一反风度翩翩的举止，踢掉高跟鞋，懒散地倒在沙发上，冲着丈夫发泄自己的不满。

（芮必峰：《人际传播：表演的艺术——欧文·戈夫曼的传播思想》）

可以看出，这位主妇除了运用语言符号外，还充分运用了非言语符号，如房间布置、服饰、仪态、面部表情、动作等等。

在生活中，与他人打交道，进行人际沟通，人们都不喜欢被看做是在表演，表演似乎与不真诚相联系。其实，根据戈夫曼的理论，我们每个人与他人的沟通，无不是根据情境，按照自己的角色，选择性地进行角色扮演，这无关是否真诚，而是由一个人的角色决定的行为。只有考虑情境和角色两个基本要素，才可能很好地（得体地）表达自己以及被人理解。

第三节 人际的连通：人际沟通与人际关系

"传播是人际关系借以成立的基础，又是它得以发展的机理。"
——库利（Charles H. Cooley）

人在本质上是一切社会关系的总和。

面对面的人际沟通是人与人之间最自然的一种交流方式，它伴随着人类自身的发展，从远古走到今天。中外的语言文化资源记录着各种人际传播现象，如汉语中的含情脉脉、眉目传情、怒目而视、耳提面命、道路以目、颐指气使、促膝谈心、谈笑风生、高谈阔论、口若悬河等等。

一、人际关系的种类

人际关系的种类	界定	举例	中国人的态度
天生的	主要指因血缘而获得的关系，还包括地缘关系	如亲子关系	"血浓于水"：对天生的人际关系重视
后天建构的	通过后天的努力建立的	如姻亲关系、同事关系、朋友关系	"在家靠父母，出门靠朋友"：重视后天关系

人际关系对人的重要意义：它是人生存的社会环境的一个重要因素，也是人进行自我认知、自我判断的重要依据。

人际关系如何得以形成？

钟老师说，形成人际关系的一个必要途径就是人际沟通。它不仅具备传递信息、表达思想、情感、观念，接受或说服他人等功能，还可以建构人本身，使交往者获得自身"属性"，使其成为一个能表达人性特点的、有个性特征的人，它帮助人们认识和解决"我是谁"的问题。正是通过人际沟通，人们建立起丰富的人际关系，并通过他人看见自己、了解自己、确认自己。

二、构建人际关系的桥梁

1. 构建人际关系的途径举例

原始人的群居生活，现代人聚集在大工厂从事整齐划一的工作，形成了劳动协作关系；

人们通过婚姻建立起错综复杂的姻亲关系。

2. 人际沟通（互动）对人际关系的影响

	对人际关系的影响	人际关系的特点
良好的人际沟通	促进沟通者间的相互了解	和谐的人际关系
缺少人际沟通	使人产生孤独感与寂寞感，令人沮丧、痛苦	人际间出现隔膜

小结

无论通过什么途径建构人际关系，人际沟通（互动）都是一座桥梁。没有人际沟通（互动），就不会形成实质性的人际关系。

费斯廷格等关于邻近与熟悉的研究

美国心理学家费斯廷格等人，曾以麻省理工学院已婚学生眷属宿舍楼的居民为对象，研究他们之间的邻居友谊与空间远近的关系。结果表明，空间上的接近是影响人际吸引的重要因素。因为活动空间上的接近增加了人际互动的可能性，从而有助于人际关系的建立。

"接近有回报，距离需成本。"

人际互动就像一座桥，建立和谐的人际关系，是人际互动的基本功能。

三、人际关系对人际互动的影响

老师说，人际互动促成了人际关系的形成，人际关系又会影响甚至决定人际互动的内容和方向。也就是说，人际互动总是在一定的关系中进行。互动时，人们必然会对双方的关系进行判断，然后选择合适的方式进行。事实上，人际互动呈现的信息背后往往有人际关系的内涵。

恩格斯在马克思墓前的讲话中说："让他一个人留在房间里不过两分钟，等我们再进去的时候，便发现他在安乐椅上安静地睡着了——但已经是永远地睡着了。"

分析："两分钟"是短暂的，但对恩格斯和马克思这对亲密的朋友来说，两分钟的分别是长久的。字里行间，我们体会到恩格斯对马克思的深切情义。

第四节 挡不住的呼唤：手机与人际交往

"任何新媒介都是一个进化的过程，一个生物裂变的过程。它为人类打开了通向感知新型活动领域的大门。"

——马歇尔·麦克卢汉

传播媒介的革命推动了人际交往方式的变革。其中，手机的发明和迅速普及引发了人际传播方式和人际关系翻天覆地的变革。借用美国著名媒介理论家保罗·莱文森（Paul Levinson）所言，手机带来了"挡不住的呼唤"。

一、保罗·莱文森：《手机：挡不住的呼唤》

保罗·莱文森（Paul Levinson, 1947—）及其《手机：挡不住的呼唤》

保罗·莱文森及其《手机：挡不住的呼唤》

（1）保罗·莱文森小传

保罗·莱文森被称做"数字时代的麦克卢汉"，是美国著名媒介理论家、科幻小说家、音乐人。他多才多艺，在文学和传播学方面成就斐然，在音乐上亦小有成就。他实现了科学文化与文学文化、精英文化与大众文化的结合。

（2）莱文森的主要理论

①媒介演化的"人性化趋势"（Anthropotropic）理论：人类技术开发的历史说明，技术发展的趋势是越来越人性化，技术在模仿甚至是复制人体的某些功能，是在模仿或复制人的感知模式和认知模式。

②"补偿性媒介"（Remedial Medium）理论：人在媒介演化过程中进行着理性选择：任何一种后继的媒介都是一种补救措施，都是对过去的某一种先天不足的功能的补救和补偿。换言之，人类的技术越来越完美。

③"后麦克卢汉"主义（Post-McLuhanism）：莱文森的技术乐观主义扬弃了麦克卢汉的"技术决定论"，认为人可以对技术进行理性选择，人对技术具有控制的能力。

（3）《手机：挡不住的呼唤》

《手机：挡不住的呼唤》是保罗·莱文森的杰作，对手机这种移动媒体进行了深刻的研究和精辟的论述。主要内容包括：手机概念（cellphone），手机对人类的深刻影响，如手机对家庭生活（手机对父母与孩子的关系、夫妻关系的影响等）、工作等的影响，手机的未来等等。

借灵动的文字，保罗·莱文森从哲学、社会学

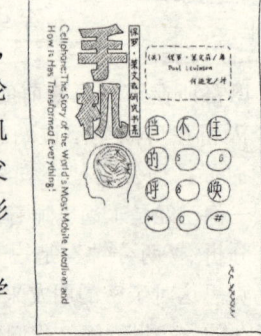

和传播学的角度，透过技术进化和社会生活的多维视野，对使用手机这一社会现象进行了深刻的剖析：

手机这个独特而奇异的小玩意成为我们的掌中之宝，使我们能够交谈，也能互致短信。它是一柄双刃剑，既使我们获得空前的解放，又对我们有所约束。这个神奇的电话使万事万物为之一变——公共场所、隐私领地、室内室外、剧院饭店、汽车飞机、谈情说爱、文化素养、亲子关系、战地新闻——实际上我们生活的方方面面都从此不同。仿佛是一个有灵气的细胞，手机在分裂繁殖的过程中和其他的细胞互动、结合，从而产生新的有机体；就像是一个强大的火花塞，手机点燃了技术进化和人类生活的发动机。

（保罗·莱文森：《手机：挡不住的呼唤》，何道宽译，中国人民大学出版社，2004年。）

二、手机发展简史

（一）手机发展的基本过程

时间	事件	影响
1946年	贝尔实验室造出了第一部移动通信电话	体积太大，研究人员只能把它放在实验室的架子上，慢慢就被人们淡忘了
1973年4月的一天	马丁·库帕在纽约街头用约有两块砖头大的无线电话打电话	世界上第一个移动电话研制成功
1973年	手机注册专利	
1985年	诞生出第一台现代意义上的、真正可以移动的电话	
1987年	与现在形状接近的手机诞生	

（二）手机通信技术的发展

第一代模拟手机	靠频率的不同来区别不同用户的手机
第二代手机——GSM 系统	靠极其微小的时差来区分用户
第三代手机——3G 手机	靠编码的不同来区别不同手机的 CDMA 技术

（三）中国移动通信的发展

1987年引进第一套移动通信设备，只有七百多用户，此后手机的用户数量飞速增长，从上世纪90年代初的"王谢堂前燕"，到本世纪初已"飞入寻常百姓家"，诺基亚的广告词似乎很简洁地概括了这一切："你每眨一次眼睛，就售出四部诺基亚手机。"

三、手机的功能

不断发展、丰富，除了基本的通话功能外，还可以收发短信息、上网、拍照、摄影、看电影、读报等等。各种技术的进步还使手机具备了一些特殊功能。

> 媒体上刊登的一则手机广告
> 商务通隐形手机：献给为事业而忙碌的人！
> 随需隐身：绝无骚扰的手机！
> 资讯保密：绝不会泄密的手机！
> 防盗追踪、远程控制：绝不会丢失的手机！

分析：这个案例表明，手机不仅在人际关系的建构方面发挥着重要的信息沟通功能，随着技术的发展，还具备了一些特殊的功能。归根结底，与其他媒介一样，技术往往不是最终决定其社会功能的因素，人们的多样化的需求才是它发展的真正动力。

四、手机媒体的传播优势

手机媒体的传播优势	特点	备注
随时随地，自由沟通	可移动性让随时随地的人际沟通成为可能，使人类超越了时间和空间的限制。	

反馈及时，互动性强	反馈就是对传播的回报，及时反馈使手机较之其他人际沟通方式具有更迅速、更灵活的互动性。	美国社会学家、社会交换论的代表人物之一霍曼斯（George Homans）认为"就人们的所有行动而言，某人的某一行动越是经常得到回报，此人越是可能采取该行动。"
视听兼备，信息丰富	手机可以传递声音，也可以传播文字、图像，信息丰富，有利于人际沟通。	
小巧玲珑，经济便捷	手机体积越来越小，功能越来越全，价格越来越便宜，所以，它很快成为全球最普及的便携式通信设备。	

五、手机对人际关系的影响：变革了传统的人际关系？

（一）手机是人际传播媒体还是大众传播媒体？

从手机目前在现实生活中的使用方式和途径来看，它首先是一种人际交往的媒介，它以惊人的速度成为人际传播的主要媒介之一。手机在人际传播方面有着其他媒体无法比拟的优势，能更好地满足人与人之间交流的需求。与此同时，手机作为一种大众传播媒体的功能也日益被关注和开发利用。

（二）手机短信息传播

手机延伸了人的听觉（语音）和视觉（手机短信和彩信）两种感官，为人际传播提供了很好的沟通方式。独特之处造就了短信息的神话。

| 短信息传播的特点 | 价格低廉
信息丰富（彩信），不受传播情境的限制 |

手机作为一种新媒体，既从正反两个方面影响已有的各种人际关系，同时还能和其他媒体（特别是网络）一起建构新型的人际关系。

（三）手机与网络媒体的结合

1. 手机与网络媒体融合对人际关系构建模式的影响

延续网络建构起的人际关系，与熟悉的陌生人利用手机进行通话、短信沟通是一种渐渐普及的方式。手机媒体与网络媒体的这种合作，无疑使一种新型的人际关系更加深入地进入到现代人们的生活中。它冲击着传统的人际关系的建立模式，改变了人们对传统人际关系的认知。

总之，无限移动的无限双向交流潜力，使手机成为人际传播最方便的媒介。同时，应该牢记莱文森所说的，手机是一柄双刃剑，它带给我们种种神奇的同时，也对人际关系产生了不能忽视的种种负面影响。

问题的关键在于：人们如何使用手机，而不是为手机所用。

2. 作为社交媒体平台的手机

手机与网络媒体的结合，不仅是扩展了手机本身的信息传播功能，从人际传播的角度来说，更可能使手机成为一种便捷的社交媒体平台，如安装了手机客户端后，手机使用者越来越多地参与到人人、微博、MSN等社交媒体的社交活动中。

（四）手机对传统人际关系的变革

从人际交往的角度看，手机在以下几个方面变革了传统的人际关系：

手机对传统人际关系的变革	含义
(1) 密切了人际交往，但缩小了私密空间。	人们可以被人随时随地找到，既密切了人们之间的交往，也使个人的私密空间一再遭到挤压，甚至在躲进洗手间时也难以逃避。
(2) 丰富了交往方式，但减少了面对面的人际互动。	一方面，手机丰富了人际交往的方式，除基本的语音通话之外，收发短信息是发展最快的手机功能。另一方面，不能忽视手机在丰富人际交往的同时也减少了现实的人际互动的事实。
(3) 增加了安全感，也可能降低人际间的信任感。	通过手机可以随时相互沟通，增加了人际关系中的安全感。不过，与传统面对面沟通相比较，手机沟通中信息真假判断的线索偏少，可能因此使人际间的信任降低。

小结

从最基本的面对面的人际互动到便捷、普遍的电子对话——手机沟通，人际传播有着共同的特点：

传播者与接受者之间的深层传播处于"熟人圈"中，他们彼此熟悉，时有往来；

传播以单个的面对面的传播形式为主；

信息的交流性强，信息反馈直接、快速、及时、集中，因此传受双方都可以现场把握信息的流向、流量和清晰度、准确度；

适用于在较短的时间内改变接受者的态度和行为。

人际传播的方式日益丰富，人际关系建构的途径日益多样。如保罗·莱文森的"补偿性媒介"理论所言，任何一种新媒介的产生都意味着对以往的媒介功能的某种补偿，文字使异地延时传播成为现实，电子媒介使异地同时传播成为可能。同时，新媒介的产生并不意味着旧媒介的消亡，今天的人们在享受高度发达的电子媒介的同时，也不会放弃各种传统的人际沟通方式。

推荐阅读：

保罗·莱文森：《手机：挡不住的呼唤》，何道宽译，中国人民大学出版社，2004年。

提问与回答

（1）问：面对面的沟通受制于时间和空间吗？

答：就传统的面对面沟通而言，时间和空间是两种制约因素，必须是同一时间处于同一空间的两个或几个人之间才可能发生这种人际互动行为。但就当下的媒介环境而言，不同空间的人可以凭借电子媒介进行类似于传统社会中的面对面的沟通，如视频电话、视频网络聊天等。

（2）问：从媒介的角度分析面对面的互动和异地延时传播各有什么特点？

答：这个问题讨论面对面口语传播和以文字等为主要媒介形式等异地延时传播各自的特点，重点关注的是不同的媒介形式的特点。媒介技术论的代表人物之一哈罗德·英尼斯（Harold Innis, 1894-1952）关于媒介的理论可供参考。英尼斯是加拿大多伦多传播学派的先驱，其《传播的偏向》（*The Bias of Communication*, 1951）和《帝国与传播》（*Empire and Communication*, 1950）是传播学的经典。他从媒介和权力机构之间的关系角度出发，提出了"传播媒介具有偏向性"的理论。他认为任何特定的传播媒介在时间和空间上均有偏向性（biased）。这种对时间和空间的偏倚意味着被植入其中的文化会出现意义上的偏向。"偏向时间的媒介"有助于树立权威，便于形成等级森严的社会体制，有利于维系传统的集权化宗教形式。偏向于空间的媒介则意味着帝国的兴起、扩张，它与现实的世俗政治权力有关。英尼斯以此进一步分析人类文明，特别是帝国的兴起与衰落。英尼斯的"媒介偏向论"关注的焦点是文明发展进程中媒介技术的作用，其研究具有强烈的现实关怀和人文关怀。他关于传播的主导性媒介必然会影响历史性社会的发展的观点，特别是他对现代西方文明过于强调物质科技的力量而忽视道德力量的批判性思考在今天仍有重要启迪意义。

（3）问：电子对话能否完全取代传统的人际互动方式？

答：我认为这是不可能的。现代社会高速度的日常生活中，忙于工作、忙于休闲的人们越来越缺少现实的人际互动。电子对话部分地满足了人们的需要，手指轻点之际，借助网络、手机，人们相互间进行了交流与沟通。但无论传媒多么发达，都改变不了电子对话作为间接传播的性质。正如中国习语所言，"百闻不如一见"，虚拟的面对面的互动不能从根本上取代人们对真实互动的期待。随着生存压力的日益加深，在拥有多种间接交流的同时，人们将更期待通过面对面的人际互动建立起更加亲密的人际关系。

第七讲　组织传播与群体思维

"人在本质上是社会性动物；那些生来就缺乏社会性的个体，要么是低级动物，要么就是超人。"

——亚里士多德

本讲内容提要
从群体到组织：归属需要和集群性
心理学关于群体和组织传播的研究传统
组织沟通的效应
组织沟通中的障碍
领导理论与管理心理

第一节　从群体到组织：归属需要和集群性

一、马斯洛的需要和动机理论

（一）亚伯拉罕·哈洛德·马斯洛（Abraham Harold Maslow, 1908—1970）小传

> 亚伯拉罕·哈洛德·马斯洛小传
>
> 马斯洛，美国著名心理学家，人本主义心理学的主要发起者和理论家。1908年4月1日出生于纽约一个犹太家庭，1926年入康奈尔大学，三年后转至威斯康星大学攻读心理学，在著名心理学家哈洛的指导下，1934年获得博士学位。1970年6月8日因心力衰竭逝世。1970年8月国际人本主义心理学会成立，1971年美国心理学会通过设置人本主义心理学专业委员会，这两件事标志着马斯洛所倡导的人本主义心理学思想获得美国及国际心理学界的正式承认。《纽约时报》评论说："马斯洛心理学是人类了解自己过程中的一块里程碑。"还有人这样评价他："正是由于马斯洛的存在，做人才被看成是一件有希望的好事情。在这个纷乱动荡的世界里，他看到了光明与前途，他把这一切与我们一起分享。"如果说弗洛伊德为我们提供了心理学病态的一半，那么马斯洛则将健康的那一半补充完整。

（二）需要和动机理论

马斯洛曾提出一种需要层次论（need hierarchy theory），他将人类的需要划分成从最基本的生理需要（如饥、渴、性等）到最高层的自我实现需要的不同层级。

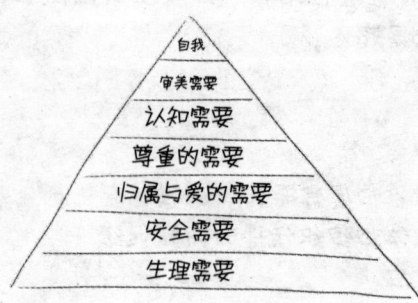

（金字塔图，从下至上：生理需要、安全需要、归属与爱的需要、尊重的需要、认知需要、审美需要、自我）

在生理需要和安全需要之上，马斯洛谈到了归属与爱的需要（belongingness and love need）。

马斯洛谈归属与爱的需要

假如生理需要和安全需要都很好地得到了满足，爱、感情和归属的需要就会产生，并且以新的中心重复着已描述过的整个环节。现在，个人空前强烈地感到缺乏朋友、心爱的人、妻子或孩子。也就是说，他一般渴望同人们有一种充满深情的关系，渴望在他的团体和家庭中有一个位置，他将为达到这个目标而做出努力。他将希望获得一个位置，胜过希望获得世界上任何其他东西，他甚至可以忘掉，当他感到饥饿的时候，他把爱看得不现实、不必需和不重要了。此时，他强烈地感到孤独，感到在遭受抛弃，遭受拒绝、举目无亲、浪迹人间的痛苦。

［美］马斯洛：《动机与人格》，华夏出版社，1987年，第49-50页。

根据马斯洛的需要层次理论可以看出，即便在最基本的需要方面，人类可能也必须借助于群体，随着需要层级的提升，群体的作用更是明显，如个人总是在某个（些）群体中获得归属感，被尊重，得到自我实现。人类最显著的特性之一就是集群性。早期的社会心理学大师如麦独孤（W. McDougall）等把集群性视做人类与生俱来的本能。

二、群体的发展过程

（一）从猿向人转变之初是群体形成的初级阶段

古籍中对人类社会初始阶段的描述：

"昔太古尝无君矣，其民聚生群处，知母不知父，无亲戚兄弟夫妻男女之别，无上下长幼之道，无进退揖让之礼，……"

（《吕氏春秋·恃君览》）

"长幼侪居，不君不臣；男女杂游，不媒不娉。"

（《列子·汤问》）

特点：人类尚处于一种散漫无拘的自由状态。但既然群处，就必会发生群中个体间的互动，互动而无规则，社会生活就无法维持，尤其是人口增长致使群的规模越来越大之时。

（二）人类社会中组织的产生

柳宗元在《封建论》中提出的关于组织产生的观点：

"彼其初与万物皆生，草木榛榛，鹿豕狉狉，人不能搏噬，而且无毛羽，莫克自奉自卫。荀卿有言，必将假物以为用者也。夫假物者必争，争而不已，必就其能断曲直者而听命焉。其智而明者，所伏必众。告之以直而不改，必痛之而后畏，由是君长刑政生焉。故近者聚而为群。"

《白虎通》解释："君，群也。群下之所归心也。"

人类的群体组织，一是对外的，因为单个的人并不强悍；二是对内的，因为许多个体结合到一起需要制度。这正是人类归属需要和集群性的表达。

许多学者乐意称呼人为"社会性动物"，例如美国著名社会心理学家阿伦森（E. Aronson）就将其最得意的一本著作命名为《社会性动物》（*The Social Animal*），并在书的靠页上醒目引述了古希腊哲学家亚里士多德的一段话："人在本质上是社会性动物；那些生来就缺乏社会性的个体，要么是低级动物，要么就是超人。"

（三）什么是组织？

1. 安东尼·吉登斯的定义

安东尼·吉登斯认为一个组织是以公务关系为基础，为了完成特定目标的一大群人的结合。

(1) 组织的基本要素

组织的三要素	人 (person)
	角色 (role)
	系统 (system)

(2) 组织与群体的关系

	从时间上看	从结构上看
组织	在群体基础上逐步发展起来	比一般性群体更为严密的人群组合

对角色和系统的强调，可以看出组织与一般性松散型的群体的差别。在社会中占有重要地位的政府机构、大型集团、实业公司、学校、医院、部队等团体都是组织，有时为了郑重其事，亦称正式组织。

安东尼·吉登斯小传

安东尼·吉登斯（Anthony Giddens, 1938— ）英国社会学家，以结构理论（Theory of structuration）和对当代社会的本体论（Holistic view）而闻名，被认为是当代社会学领域中有卓越贡献的学者之一。

2. 组织的结构特性
(1) 马克斯·韦伯的科层制组织理论

马克斯·韦伯（M.Weber）的科层制（bureaucracy）组织理论
(1) 马克斯·韦伯小传

马克斯·韦伯，德国社会学家，最早对现代组织提出系统解释，被誉为组织理论之父。其科层制（也译为官僚制）的组织理论研究对后世产生了极为深远的影响。

主要著作：《新教伦理与资本主义精神》、《一般经济史》、《社会和经济组织的理论》等。

(2) 韦伯对组织管理理论的贡献

韦伯对组织管理理论的伟大贡献在于明确而系统地指出理想的组织应以合理合法权力为基础，没有某种形式的权力，任何组织都不能达到自己的目标。为此，韦伯首推科层制组织，科层制在19世纪已盛行于欧洲。韦伯提出的科层制组织理论为社会发展提供了一种高效率、合乎理性的管理体制。

(3) 韦伯如何看待组织？

他认为组织是以一种跨越时空的、稳定的方式把人类的活动或他们所生产的物品协调在一起的手段。韦伯十分看重信息传播对于组织的意义：他强调组织的发展依赖于对信息的控制，并且强调书面文字在这个过程中所起的重要作用,即一个组织为实现其功能,需要书面的规章制度以及储存其"记忆"的档案。

(4) 科层制

根据韦伯的观点,所有大规模的组织经常具有科层制的特点。

科层制是很早就存在于某些人类文明中的产物,例如传统中国的官僚体系就是科层制的。在现代社会中,科层制不可避免地要扩大。

	特 点	缺 点
科层制	① 有一个明确的权威等级; ② 在组织的各个层次上,都有成文的规章制度控制着成员的行为; ③ 成员是全职的,并拿薪水; ④ 成员在组织内的任务与其在组织外的生活是有差别的; ⑤ 组织成员不拥有他们所调配的物质资源。	① 内部沟通容易被曲解; ② 难以适应环境的变化; ③ 压制成员的创造性; ④ 忽视个体的积极性。

科层制是一个封闭式的组织系统,至今仍是人们分析组织的起点。不过,这种组织理论主张集权,明确职责,严格管理,较少考虑人的心理因素。

(2) 韦伯之后的现代组织理论

韦伯之后的现代组织理论趋向于把组织看成开放的社会系统,这个系统由一些子系统构成。系统的观点强调各子系统之间的协调关系,还强调组织与其外部环境之间的协调关系,而且具有一种变化的观点,使人们能全面理解组织的整个过程。实际社会生活中,组织也在发生着变化,例如许多组织变得更小、层级更少,这比较符合现代组织理论的观点,但科层制组织依然大量存在。

3. 组织文化

基本观点:只要有人类群体存在,群体内就会逐渐形成群体文化。组织作为更严密的人类群体,它甚至会有意识地构筑自己的文化。许多组织文化就是组织的创始人直接或间接行为的结果。

(1) 什么是组织文化?

简单地说,组织文化(organizational culture)就是组织在长期的运行过程中所形成的、区别于其他组织的本组织所特有的精神风貌和信念,以及一系列保证这种精神风貌和信念得以持久存在的制度和措施。

共享性是文化的一个重要特性——组织内的每一个成员,通过组织内各种形式的信息交流,最后完成了对组织文化的习得。

(2) 组织文化的表现

鲁森斯(F.Luthans)在《组织行为学》中描述了组织文化的表现。

> **组织文化的表现**
>
> 组织中的正式规范;
>
> 人们所谈论的正在发生的故事;
>
> 组织的正式规则和程序;
>
> 组织行为的正式代码;
>
> 仪式;
>
> 任务;
>
> 薪酬系统;
>
> 行话;
>
> 只有组织中的人才能理解的笑话,等等。

(3) 组织文化的特性

鲁森斯指出,由于文化的复杂性,人们对于组织文化的认识也是歧见迭出、莫衷一是。但依然有一些组织文化的重要特性,得到了多数人的认同。

> **组织文化的特性**
>
> 观察到的行为规则(当组织成员与其他人互动时,他们使用共同的语言、行话以及与尊重和举止相关的仪式)。
>
> 规范(现有的行为标准,包括对工作量的指导方针;在许多组织中,它以"不要做得太多,也不要做得太少"的形式传下来)。
>
> 支配性的价值观(组织提倡一些主要的价值观并希望它的成员认同它们;典型的例子是高质量、少旷工和高效能)。
>
> 哲学(有专门的政策阐明组织在关于如何对待员工和顾客方面的信念)。
>
> 章程(存在着与组织中生活相关的严格指导方针;新来者必须学习这些"内幕",以便有充分的资格被接受为这个团体的成员)。
>
> 组织的氛围(它是一种整体性的感觉,由组织的外在表象、成员互动的方式、成员与客户或组织之外的其他人交往的方式所传达)。

(4) 组织文化的基本功能

组织文化的功能	具体内容
控制	组织的首要功能体现在对组织成员的控制上；组织文化的控制功能即保证成员的行为方式与组织的目标协调一致。
激励	组织期望通过创造能够尊重人并发挥人的主观能动性的组织文化来激励和调动其成员的工作积极性，让他们产生出甘愿为组织奉献的内在动力。

从组织内外看组织文化的功能

	对内	对外
	凝聚功能	象征的功能
组织文化的功能	把来自不同文化背景、具有不同人格特征和行为习惯的成员有机地结合在一起，使之能够相互合作、共同奋斗。	将此组织区别于其他组织的标识，是宣传组织的形象大使。

第二节 心理学关于群体和组织传播的研究传统

一、古斯塔夫·勒庞（Gustave Le Bon, 1841-1931）关于临时群体的研究

古斯塔夫·勒庞关于临时群体的研究

(1) 古斯塔夫·勒庞简介

古斯塔夫·勒庞，法国著名社会心理学家。1866年获得医学博士学位，1870年起在巴黎行医，1884年开始研究群体心理学。其研究涉及三个领域：人类学、自然科学和社会心理学。最初研究的是为各个人种的身体特征创制测量方法，发展了人种分类等级学说。晚年转向社会心理学研究，以对群体心理特征的研究而著称。《乌合之众》是他最有名的社会心理学著作，被翻译成近20种语言，至今仍在国际学术界有广泛影响。

(2)《乌合之众》的主要研究内容

①群体的一般特征

群体的一般特征	原因
A. 群体中个人固有的思想感情发生变化、个性消失； B. 受无意识因素的支配； C. 大脑活动的消失和脊髓活动的得势； D. 智力的下降和感情的彻底变化； E. 既易于英勇无畏也易于犯罪。	个人责任感的消失； 传染的现象； 易于接受暗示。

②群体的意见与信念

群体意见与信念的间接因素	群体意见和信念的直接因素
种族； 传统； 时间； 政治和社会制度； 教育。	形象、词语和套话； 幻觉； 经验； 理性。

③群体的分类

群体类型
- 异质性群体
  - 无名称的群体（如街头群体）
  - 有名称的群体（如陪审团、议会等）
- 同质性群体
  - 派别（政治派别、宗教派别等）
  - 身份团体（军人、僧侣、劳工等）
  - 阶级（中产阶级、农民阶级等）

④群体模型

二、小群体（效率、满意度）研究

小群体又称小团体，是指人数较少、组织成员间有面对面的直接心理接触和互动的群体。成员间的关系比较密切，交往比较频繁，心理感受也比较明显，这样的群体能够很好地保持团体功能的发挥和持续不断的互动，进而达到团体的目标。

第一次世界大战后，实验方法进入社会心理学，群体研究转而侧重于小型群体问题，群体心理学几乎成了小群体心理学。

大致可以归纳为几个方面：

小群体研究
- 社会促进和社会抑制、顺从
- 群体凝聚力及其测量
- 群体领导问题
- 群体思维
- 群体决策
- 群体极化
- ……

小群体研究的主要方向

小群体研究的主要方向	代表人	研究内容
社会测量学派	J.L. 莫雷诺	着重测量群体成员间在情感方面的人际关系，以及个人对群体其他成员的肯定评价或否定评价水平。
社会学派	E. 梅奥	在霍桑实验的基础上，E. 梅奥提出人际相互关系理论。主要是分析两类小群体结构——正式结构和非正式结构，揭示其在群体管理中的相互关系的意义。
群体动力学派	K. 勒温	勒温把场论应用于小群体研究，认为群体不是人们的简单集合，而是一个动力整体，是一个系统，其中某一部分的变化也会导致其他部分的变化。

由于勒温在社会心理学领域的巨大影响力，群体研究的基础奠定后，就一直是社会心理学的主要内容。

第三节 组织沟通的效应

一、"卡车游戏"、"囚徒困境"：有沟通更有可能合作

"卡车游戏"、"囚徒困境"是敏茨（A. Mintz, 1951）、鲁斯等（R. Luce & H. Raiffa, 1957）、多依奇等人（M. Deutsch & R. Krauss, 1960）进行的系列经典性的心理学实验研究，证明了竞争心理优势的存在。这些研究从组织传播学的角度来看，还表明了在组织中，有沟通更有可能合作。

(一) 卡车游戏实验

卡车游戏实验

多依奇等人1960年进行的卡车运输游戏实验，是有关合作与竞争研究的一项经典性的工作。他们请成对的被试参加实验，让他们分别充当模拟的卡车运输公司经营者，按照规定的路线进行运营。

实验的要求是每一辆卡车从起点出发后尽快到达终点。甲乙两位经营者在起点与终点附近都有一段自己的专门线路，但中间需要通过一段两方共有且能够单独控制的单行道。这段道路只能允许一辆车来去行驶。使用这段单行道的唯一办法，就是双方交替使用。任何时候，只要有车驶入单行道，对方就只能等待。如双方都驶入，则必须有一方倒回去。研究者各为一方在接近起点的地方设计了控制单行道的电门。如果被试不想让对方通过，则可以关上大门，使单行道失去通行作用。在此情况下，双方只能启用自己的备用路线。但备用路线显然远得多。研究的设计明确告诉被试，即使交替使用单行线，必须有一点儿等待时间，但走单行道远比启用备用路线经济、有效。实验最后以被试从起点至终点的运营速度记分、分数越高越好。

实验的结果：实验中被试的典型行为是双方都试图利用单行道捷径，但互不相让，结果相遇中途。他们都会在中途坚持一会儿，拒绝倒退。最后，其中一人会先倒退车子，然后关紧自己控制的大门迫使对方也倒退出去。然后双方都使用备用路线。虽然实验也会出现偶然的合作情况，但大多数都是竞争的结果。

(二) 囚徒困境实验

囚徒困境实验

鲁斯等人1957年的囚犯两难实验，是合作与竞争研究的经典工作之一。

实验是根据假定的囚犯两难情境提出的。所谓囚犯两难情境，是研究假设的一种情境。如果有两个被怀疑协同犯罪的嫌疑犯面临认罪和不认罪两种选择时，他们被分开监禁和审讯，他们会怎样选择呢？由于检察官认为两人都有罪，但证据不足。因此，假如两个人都不认罪，保持沉默，则两个人都会被判较轻的刑罚；假如两个人互相检举，则两个人都会被认定犯罪而判较重的刑罚；假如一人认罪，而另一人不认罪，则认罪者将因协助破案有功而被释放，不认罪者则被加重判罚。

真正的囚犯面对囚犯两难情境会如何反应呢？从分析上讲，显然对于两个囚犯来说，两人都不认罪是最佳选择。但是，两人是分开审问的，不知道对方如何反应。如果对方选择了认罪，则有被加重判罚的危险。

二、群体极化

群体极化（group polarization）指的是群体中人们的讨论可以强化群体成员的平均倾向。人们最初的观点会得到加强，微弱的意见会被放大，情绪亦会扩散和感染。

> **网络中的群体极化**
>
> 群体极化现象是社会心理学研究群体时发现的，当前在网络中，这种现象表现得更为突出。
>
> 美国P.Wallace的《互联网心理学》（中文版由中国轻工业出版社出版）中提到由于互联网上出现放大的两极分化效应，更容易丧失有节制的声音。凯拉尔（S.Kiesler）及其同事在早期的研究中，让三人小组解决不同的问题，他们可以是面对面的形式，或者通过电脑会议软件。结果发现，以计算机为中介的小组要花更多的时间达成共识，他们更多地使用责骂和羞辱，从自己最初的立场上做了较大的移动。
>
> 中国社会这些年随着互联网的迅速发展，网络上的群体极化现象也层出不穷。一些现实中的事件，例如"虐猫"、"飙车"、"范跑跑"、"幼儿园伤害儿童"、"药家鑫杀人"、"躲猫猫"等，还有网络上的"人肉搜索"等，从众可见网民的用词可以飞快进入极端状态，大家卷入一种情绪高涨中难以自拔。
>
> 分析：这里可以真切感受到群体极化的表现。人们最初批评一个人，可能会说"太不像话"，接着就有人说"何止不像话，简直就是无耻"，再往后就可能说"小人"、"不是人"、"畜牲"、"垃圾"，最后会说"去死吧"、"大耳刮子抽死他"、"打死都不解恨"。

群体极化产生的原因，是在某些群体情境中，人们更可能抛弃社会文化的道德约束，甚至忘记了自己的身份，而顺从于群体的行为倾向。也就是说，这时候的个体丧失了自我觉知的能力，变得去个体化（deindividuated）了。其中，高水平的社会唤起、较大的群体规模、个人身体的匿名性等都是影响因素，在网络情境下，这种趋向更为明显。

三、共同知识效应（Common Knowledge Effect）

共享性信息　与　独享性信息

更多被使用　与　比较排斥

四、群体对个人的影响

在群体生活中，个体与个体之间、个体与群体之间，都会有许许多多相互作用发生，表现为各种言语的和非言语的信息交流，这是一种社会影响（social influence）。

社会心理学的奠基人之一奥尔波特（F.H.Allport）声称社会心理学的任务是了解和解释个体的思想、情感、行为如何受他人存在的影响而发生变化，他指出他人的影响有三种形式：

$$\begin{cases} 现实的影响 \\ 隐含的影响 \\ 想象的影响 \end{cases}$$

思考：就像前面老师讲的，人是社会性的动物，人有一种归属于群体的需要，正因为如此，群体对个人的影响可以说无处不在，用奥尔波特的分析来讲，现实的影响就是群体对个体实际发生的影响，隐含的影响则是可能发生的影响，而想象的影响则是个体通过对群体的想象而对相应对自己的行为进行调整。

（一）社会助长或社会促进（social facilitation）

1. 什么是社会助长（促进）？

个体在完成某项工作时由于其他人在场而提高工作绩效的现象，心理学中称之为社会助长或社会促进。

他人在场有多种形式，可以是与个体结伴，也可以是作为观众。

2. 为什么他人在场会对工作产生促进？

有研究者提出，他人在场会提高我们的唤醒水平和动机水平。此外，社会助长还可能受到评价担忧（evaluation apprehension）的影响，即人们在群体中的行为因担忧他人正在对自己实施评价而受到影响。社会助长或社会促进就是一种典型的社会影响。

（二）从众（conformity）

个体改变自己的行为或态度而与群体保持一致。这是一种亲社会的行为，从社会的立场上说是应该给予鼓励的。对个体来说从众也是有意义的。

例如：假如你在街头发现许多人聚集在一起抬头注视对面一幢建筑物的某扇窗户，你会停下来和他

们一起看吗？

假如你身边的人都开始朝一个方向奔跑，你会加入他们的队伍吗？

到一个陌生场合或从事一项陌生的活动（例如生平第一次到西餐厅吃西餐），你会怎样做？

美国心理学家阿施（S.Asch）的著名实验

某位参加实验的被试来到实验室，被告知要参与一项视觉辨别力的研究，任务很简单，只要每次从三条线中选出一条与标准线段一样长的线。这位被试与其他六位被试围坐在一张桌子旁边，他刚好被安排在倒数第二的位置。在前几次测试中，大家的回答完全一致，这位被试发现实验确实不难。但接下来的一次出现了意外，这位被试明明觉得第二条线与标准线段一样长，可排在他前面的五个人却宣称第一条线与标准线段一样长。

在此情景下，这位被试会如何回答呢？

其实，在参加实验的被试中，其他六个人都是实验者的同伙，他们有时会故意给出错误的回答。但几乎没有真正的被试会识破这是个"骗局"，因此，阿施实验中产生的群体压力是非常真实的。

<u>实验发现，真正的被试中，有37%的回答是从众的，四分之三的人至少有过一次从众行为。也就是说，大多数人在群体压力下自己的选择行为都会受到影响。</u>

"几乎无时无刻"不生活在群体中的人们，"几乎无时无刻"不受到群体的影响。

第四节　组织沟通中的障碍

研究沟通，学习沟通，最终的目的无非是有效沟通，即避免沟通中的种种障碍，实现最佳的沟通效果。沟通不仅仅是组织得以形成的基本条件，还是组织得以运转的基本条件。发现并避免沟通中的障碍，是组织得以形成和良好运转必须面对的基本问题。

组织沟通的障碍大致有以下几种：

地位、组织结构、文化、时间、个性、情绪、社会心理等。

一、地位

> "猪湾事件"
> 1961年,美国总统肯尼迪及其顾问们试图用1 400名由美国中央情报局训练过的古巴流放者来袭击古巴,以推翻卡斯特罗政权。几乎所有的袭击者都被抓或者被杀,美国颜面尽失,而且古巴与苏联的关系更密切了。在得知结果后,肯尼迪大呼:"我们怎么做出了如此愚蠢的事呢?"
> 社会心理学家贾尼斯(Irving Janis,1971,1982)从群体思维的角度进行了研究。他发现酿成错误的原因是由于在群体决策中人们为了维护群体的和睦而压制不同意见,他把这种现象称作"群体思维"(group think)。

二、组织结构

> 热线、密折、拦轿告状……
> 都是为了应对组织沟通的不畅。

(一)信息损耗

由于组织结构的存在,沟通中信息的逐层或逐级传播汇总,会造成信息的损耗和变异。

(二)正式、非正式的差异

在一个组织中,存在正式渠道和非正式渠道的言语沟通,无论是信息内容还是信息传播的方式,在两种渠道中都有较明显的差异。

三、文化

> (1)"大胜"与"大败":某次中美排球赛,中国队胜利,赛事结束后,国内两家报纸以不同的标题报道了此事,即"中国队大胜美国队"与"中国队大败美国队"。
> (2)火炬的联想:奥运火炬传递中,中国人的观念中最怕"熄火"。
> 分析:文化的重要性质之一是"无理性"。文化不讲道理,只讲约定俗成。美国人读到"大胜"、"大败"的写法会以为是写错了。但是中国人已经习惯了这样的说法,这样的说法就是对的。

四、时间

如今人们生活节奏加快，时间成了稀有资源。没时间，成了阻碍沟通的拦路虎。

应对的方法有：

① 多任务与单任务。多种工作排序，重要的放在前面，一件件地做，做完一件再做另一件。如此，在同一时间段，处理的是单一任务。

② 即时回应。学会及时回复，尤其是重要的事情，不要想等到明天，明天有同样多的事。

五、个性

不同个性（人格特征）的人在沟通中的表现不一样，如不能分别对待，便可能鸡同鸭讲、方凿圆枘。

例如独立性格与依赖性格、独断专行与偏听偏信等。

六、情绪

情绪与判断

社会判断既包括有效但也容易出错的信息加工过程，也包括我们的感觉：情绪会影响我们的判断。

"好心情效应"试验

试验分两种情形，一种是试验主持者在使用电话之前在电话亭中放入 10 美分硬币，另一种是电话亭里没有放钱。在电话亭打电话的人不知道试验的事。当他们打完电话，从电话亭里出来的时候，试验主持者抱着一堆书从他们跟前走过，而且故意让书落到地上。

试验结果：没有在电话亭里捡到钱的人当中，5%的人帮助捡起落下的书本；在电话亭中捡到钱的人当中，90%以上的人帮忙捡书。5%与90%的对比试验，说明人在好心情下乐于助人的规律。

情绪会给我们对当前经历的解释着色；通过分散我们的注意力，情绪还会影响我们做判断时思考的深度和效率；情绪还可能影响到人们的行为，好心情效应的研究证明了这一点。

七、社会心理

影响组织沟通的各种社会心理现象

影响组织沟通的社会心理现象举例	界定
群体心理现象	指人们在共同活动中所产生的心理现象。这些心理现象包括竞争行为、侵犯行为与利他行为、决策、转型期国民心态等。
刻板印象(stereotypes)（定型化效应）	指个人受社会影响而对某些人或事持稳定不变的看法。积极的一面：对具有许多共同之处的某类人在一定范围内直接进行判断，简化了认知过程，节省了大量时间、精力。消极的一面：在有限材料的基础上做出带普遍性的结论，忽视个体差异，从而导致知觉上的错误，妨碍对他人做出正确的评价。
偏见(prejudice)	是一种态度，是对一个群体及其个体成员的负性的预先判断。负面评价是偏见的标志，它可能根源于情绪性的联想、行为辩解的需要，或者刻板印象。它根据一定表象或虚假信息做出判断，从而出现判断失误或判断本身与判断对象的真实情况不相符合现象。
歧视(discrimination)	歧视是一种负面行为。它往往源于偏见态度。

小结：刻板化的信念、偏见性的态度和歧视性的行为长期以来一直在危害着人们的生存。根据过去40年美国人对调研人员的陈述判断，他们对黑人和女性的偏见已经骤然减少。然而，微妙的调查问题、评估人民态度和行为的间接方法，依然能揭示强烈的性别刻板印象和相当程度的掩饰过的种族和性别偏见。偏见虽然不再那么明显，但它依然潜伏着。

（参见：迈尔斯：《社会心理学》，人民邮电出版社，2006年）

第五节 领导理论与管理心理

"我常常问我自己，你是想当团队的老板，还是一个团队的领袖？一般而言，做老板简单得多，你的权力主要来自你的地位，这可能是上天的缘分或凭着你的努力和专业知识。做领袖就比较复杂，你的力量源自人性的魅力和号召力。做一个成功的管理者，态度与能力一样重要。领袖领导众人，促动别人自觉甘心卖力；老板只懂支配众人，让别人感到渺小。"

——李嘉诚

领导在组织中扮演着重要的角色，他在组织沟通（管理）中同样发挥着很重要的影响。

一、关于领导与管理

（一）管理的概念

<u>管理是在社会组织中，通过执行计划、组织、领导、控制等职能，有效地获取、分配和利用人力、物力资源，以实现组织预定目标的活动过程。</u>

（二）领导与管理

1. 领导、管理，或者控制、获取、利用、人力资源，这些词好吗？中国人传统上不讲领导、管理，而是讲领袖、治理。

领导是高高在上的，管理是控制、获取、利用的；领袖和治理呢？

古人讲领袖，《晋书·魏舒传》："魏舒堂堂，人之领袖也。"领袖的特征：容易磨损，所以要镶边；醒目，所以要做表率。

治理，要像大禹那样，了解水的性质，顺势而为，不要学他父亲，只用堵的方法。

2. 领导是如何产生的？领导是天生的吗？

中国人的讲法：六亿神州尽舜尧

（人人都可以成为领导）。

二、领导理论

（一）领导三要素

领导三要素 { 领导者 / 被领导者 / 环境

六亿神州尽舜尧

三个要素相互作用的过程

领导者 { 领导者必须有下属或追随者 / 领导者拥有影响追随者的能力 / 领导者有目标并通过影响下属来实现

水能载舟，亦能覆舟

刘邦和韩信

上尝从容与信言诸将能不，各有差。上问曰："如我，能将几何？"信曰："陛下不过能将十万。"上曰："于君何如？"曰："臣多多而益善耳。"上笑曰："多多益善，何为为我禽？"信曰："陛下不能将兵而善将将，此乃信之所以为陛下禽也，且陛下所谓天授非人力也。"

——《史记·淮阴侯列传》

（二）领导理论的种类

西方领导理论 { 领导特质理论 / 领导行为理论 / 领导权变理论 }

1. 领导特质理论最典型

人格心理学的思想	进化心理学的思想
善言辞 外表英俊潇洒 智力过人 具有自信心 心理健康 有支配他人的倾向 外向而敏锐	强壮、漂亮 总统竞选 电视辩论

儒家也讲领导，如：为仁由己、博学、力行、自省、改过、君子不贰过。

领导力特质问卷（LTQ）

领导者自己和五个最熟悉的人填写。将自己的评分与他人的均分对比。
5= 非常同意，4= 同意，3= 中立，2= 不同意，1= 非常不同意。
（1）表达能力——能高效地与他人交流。
（2）理解力——富有鉴别力和洞察力。
（3）自信心——充分信任自己的能力。
（4）坚持不懈——坚持目标、不受外界干扰。
（5）决断力——立场坚定、行事确定。
（6）可靠——始终如一、为人可靠。
（7）友善——善良而热情。
（8）外向——言语直爽、与人和睦相处。

2. 领导行为理论
{ 结构维度、关怀维度（俄亥俄州立大学）
  员工导向、生产导向（密执安大学）
四分图

	3. 高关心人 低关心组织	4. 高关心人 高关心组织
	1. 低关心人 低关心组织	2. 低关心人 高关心组织

（纵轴：关心人 低→高；横轴：关心组织 低→高）

人的因素被强调
中华文化的思想
领导行为问卷

3. 领导权变理论

领导权变理论 { 幸福感
              满意度
              工作绩效

（漫画人物："没有绝对最好的东西，一切随条件而定。"）

这恰恰是孔子、孙子所提倡的，如：
因地制宜
审时度势
兵无常势、水无常形

	任务驱动	关系驱动
领导—下属关系	坏	好
任务结构	清晰	模糊
职位权力	大	小

何时高效？
关系好、任务清、权力大（有利）；关系坏、任务不清、权力小（不利）。
何时任务驱动、何时关系驱动，要考虑其他要素的配合情况。这只是考虑工作绩效的情形，如果还要兼顾满意度、幸福感，就更加复杂。
西方权变理论的不足，把变（"权"）又弄成绝对的了，中国人"执经达权"，还要考虑"经"和"权"的关系。

三、领导风格

（一）什么是领导风格？

所谓领导风格，是指一个组织的领导者在领导实践中逐步形成的，具有一定稳定性的行为模式，它是可观察到的，也是可以被"感受"到的。

（二）领导风格的类型有哪些？

关于领导风格的研究较多，分类也很多，如戈尔曼将领导风格分为六种：远见型、民主型、关系型、教练型、示范型、命令型。更简便一些的是将领导风格分为四种，如：

领导风格	特点
专制型（如战争时期）	独断专行，不允许下属参与决策
顾问型	适当允许下属参与
放任型	要求下属素质
参与型	满意度高，活跃，但费时费钱

勒温曾做过研究，比较民主与专制的领导，结论是民主的好，但领导风格的研究发现事情更复杂，要针对具体要求来判断。例如战争时期，就需要相当的集中与专制。

如果再考虑上下级关系，新近还有领导——下属交互理论，提出领导在一定程度上是由下属决定的。

四、领导艺术中的沟通

> 管理就是界定企业的使命，并激励和组织人力资源去实现这个使命。界定使命是企业家的任务，而激励与组织人力资源是领导力的范畴，二者的结合就是管理。
>
> ——德鲁克

领导其实就是在沟通。领导艺术可以有很多内容，第一重要的或日前提就是沟通。只有下属领会了领导的意图，领导的功能才可以实现。

先做人，后建文化，领导是构建文化的核心！

（一）对领导的期待

子路问政。子曰："先之，劳之。"（《论语·子路》）

汉语中有身先士卒、一马当先这样的词汇，说的就是下属对领导的期待。新兴的积极组织行为学讨论"伦理型领导"，看重的也是领导的楷模作用。

像大禹那样做领袖，所谓"无言之教"。《论语·子路》中的另一段话："子曰：'其身正，不令而行；其身不正，虽令不从。'"

(二) 激励的多样性

激励类型	举例
赏罚激励	赏罚分明、奖勤罚懒
表率激励	身正不令而行
礼仪激励	礼乐教化
责任激励	以天下为己任
关怀激励	爱民如子

课后思考题：

1. 中国文化背景下，正式与非正式信息的差异是否较西方小一些？我们常常会在私下场合讨论公事？或者在组织传播的正式渠道中讨论私事？

2. 互联网迅速发展，网络组织开始兴起，这对传统的组织理论提出了什么样的挑战？

第八讲 大众传播与大众心态

本讲内容提要
大众传播概说
传者、受众与传播内容
大众传播心理学的焦点话题

> **托夫勒（Alvin Toffler）对大众传播的深刻描述**
> 邮局的服务，可以把信息带给许多人，但它不迅速。电话的传递迅速，但不能让千百万人同时收到。大规模传播媒介工具，弥补了这个鸿沟，并由此形成一个复杂的经过精心设计的"信息领域"——个人与大规模通信联系系统。就像货物和原料通过有效的销售系统一样。这种信息领域与技术领域和社会领域结合在一起并为工业社会服务，协助和协调经济生产与个人的活动……而信息领域传播必要的情报信息，使整个体制运转起来。三者集中起来，组成了社会的基本结构。
> （阿尔温·托夫勒著，朱志焱等译：《第三次浪潮》，生活·读书·新知三联书店，1983年，第81页。）

第一节 大众传播概说

一、飞速发展的大众传播

（一）大众传播发展简史

时间	事件
17世纪	印刷媒体（主要是报纸）诞生
18、19世纪	印刷媒体兴盛；声像媒介诞生
20世纪	印刷媒体形成前所未有的规模，电子媒介迅猛普及成为主要的大众媒介

新媒介往往以超越旧媒介的速度发展，从报纸、杂志、书籍、到广播、影视、网络，大众传播发展的速度越来越快。从传播的速度、范围、影响来看，报纸、广播、电视、网络是当之无愧的四大媒体。

(二) 各种大众传播媒介的发展及特点
1. 古老的报纸
(1) 报纸发展的历史

重要事件	备注
世界上第一份印刷版报纸	1609年，德国斯特拉斯堡的《关系报：总汇消息》
中国最早的报纸	汉代的邸报
中国境内最早的近代报刊	葡萄牙人1822年9月12日创办的《蜜蜂华报》

从1609年至今已走过了近400年历程的报纸，发行过无数的品种。有的随历史的车轮逐渐远去，有的历经岁月的洗涤，仍然紧跟历史发展的步伐，在一次次变革中发展壮大，赢得了一代代读者的信任，持续不断地发挥着它们的影响力，如《纽约时报》(New York Times)、《泰晤士报》(The Times)、《读卖新闻》(Yomiuri Shimbun) 等百年老报。

	界定	诞生标志
现代意义上的报纸	指以新闻事件报道和评论为主要内容，包括副刊和广告的，以较短间隔时间定期连续公开发行的印刷物。	19世纪30年代廉价的"便士报"。

有人做过估算，如今《纽约时报》一天的信息量等于17世纪一个人一生所能得到的信息量的总和。人类社会由封闭走向开放、由专制走向民主、由隔离走向融通的过程中，伴随着信息传播方式的多样化、信息量的不断增长，可以说，信息是社会发展的助推器。

报纸的特点	以文字为媒介，是一种视觉媒介，它要求公众高度参与；携带方便，易于保存。

(2) 报纸和电子媒介的比较

　　{ 报纸 VS 电子媒介
　　　深度报道 VS 时效性

(3) 报纸发展的新方向

电子媒介广泛普及的今天，报纸依然具有强大的生命力。在与新媒体的竞争中，报纸寻找着新的发展方向。

报纸发展新方向	特　点
无纸化电子报	订户可利用便携式电子装置，上网下载新闻，还可以无线上网，更能全天候自动更新内容。
报纸与手机的结合	读者可以通过手机阅读报纸，发表评论，甚至可以在手机报公共聊天室与其他读者进行及时在线交流。

报纸的电子化、网络化以及报纸与手机的结合，将使报纸获得新的发展空间。

新的媒介时代，报纸何去何从？

　　手机等移动媒体、网络媒体等的飞速发展，早已引起业界和学界对纸质印刷媒体（特别是报纸）的未来的猜测，甚至有人列出报纸消失的时间表，认为不到50年时间，报纸将消失。2012年7月，美国三大新闻周刊之一《新闻周刊》主要股东表示，《新闻周刊》将最终过渡为纯粹的数字版。2012年8月自160岁老报《纽约时报》传出消息，纽约时报公司下一任CEO（BBC前总裁Mark Thompson）将领导《纽约时报》进行一场数字化转型。其实，早在2011年，《纽约时报》网络版时隔四年再次实行收费，其订阅收入增长了8.3%，截至2012年第二季度末，NYTimes.com已总共积累了53.2万的订户，较上一季度增长了13%。有人估计，《纽约时报》数字订阅用户数量将在两年内超过印刷版用户。这些事实似乎有力地支持了传统报纸将消亡的观点。几百年形成的阅读习惯是否真的会因新媒体的出现而彻底改变？完全数字化成为一种必然吗？电子报还是报纸吗？

2. 便携的广播

广义的广播：包括声音广播，也包括电视。
狭义的广播：指声音广播，分为无线广播和有线广播。

(1) 广播的产生及特点

广播事业的诞生	1920年11月2日，世界上第一家广播电台（美国匹兹堡KDKA电台）开始播音。
广播的特点	以声音为媒介，便于收听；接收终端轻巧，便于携带；传递速度快，时效性强。

(2) 广播发展的新方向

广播发展新方向	特点
数字音频广播DAB (Digital Audio Broadcasting)	可以为固定、移动和便携式接收机提供音质相当于CD唱片的高质量服务。
网络广播 (Internet Broadcasting)	以互联网为介质提供音频服务的广播，既是网络传播多媒体形态的重要体现，也是广播借助网络新媒体争取发展的新形式。具有互动性、窄播化的特点，听众拥有更广泛的选择自由。

数字化、网络化的发展之路使广播在新的传播环境中找到新的存在方式。而且，较之看电视，听广播属于更具个人性的媒介消费行为，各类谈话节目、热线交流节目因直接的接触也更显人情味，加之可移动收听的特点，广播在竞争激烈的媒介时代也仍然拥有很大的吸引力。

广播的命运似乎较之报纸好得多，虽然一度也因为电视的出现而让人忧虑其生存的空间，电子媒介的相同属性，决定了广播在与网络、手机等新媒体融合中的可能性、便捷性。

3. 多彩的电视

电视是现代电子技术高度发展的产物，它通过光电转换系统使远距离的景物快速、连续地在荧光屏上呈现，人类"千里眼"、"顺风耳"的梦想变为现实。

(1) 电视的发展

时间	重要事件
1936年11月2日	英国广播公司在伦敦的亚历山大宫兴办了世界上第一座电视台。
20世纪50年代	电视在世界各地普及起来。
20世纪60年代	美国总统候选人尼克松(Richard Nixon)、肯尼迪(John F. Kennedy)首次以电视辩论的形式进行角逐，轰动一时。
20世纪下半叶	电视在世界范围内一跃成为最受欢迎的大众传媒。

(2) 电视的特点

电视是一种群众性、浅参与的媒体。电视的普及和电视技术的不断更新，影响了伴随电视发展而成长起来的几代人。电视节目不是针对特定的社会群体，因为任何节目的观众结构都是相同的，它真正是一种大众媒体。

电视的特点	影响
视听合一、声像并茂，感染力强	让人如临现场，印象至深。
媒介接触费力程度低	对观众的文化程度几乎没什么要求，费力程度低，对受众有广泛吸引力。
时效性强	现场转播使观众在屏幕前看到事件发展的全过程。直观性与现场感不仅增加了视觉冲击力，也使电视具有很强的说服力和很高的可信度。
综合性	在绘画、雕刻、建筑、音乐、诗歌、舞蹈、戏剧、电影之后，电视被誉为第九艺术。它集空间、时间、综合艺术之长，通过电子手段进行再创造，涉及人类生活的方方面面，为人们提供了多样化的艺术享受和生活服务，能满足不同的需要。

"二战"后直至20世纪末，电视的发展经历了由黑白到彩色、由地上波传输到卫星传输、由信号模拟到数字化的变革过程，每一次发展都大大加强了电视媒介的影响力。

新的世纪，除了不断增多的频道、不断丰富的节目给观众提供了更加自由的选择外，与网络技术的联手，也大大提高了电视传播的双向性和互动性，一定程度上克服了传统大众传媒单向传递的不足。

4. 神奇的网络

神奇的网络将人类带入一个完全崭新的传媒世界，其影响力正在社会中迅速蔓延。

(1) 网络的诞生与发展：传媒新时代的来临

> 网络发展简史
>
> 网络传播是基于计算机技术和通信技术发展起来的。
>
> 计算机是20世纪人类最伟大的发明之一，计算机的网络化，掀起了人类传播活动革命的新浪潮。
>
> 1946年，世界第一台计算机在美国费城诞生，人类的科技进步掀开了划时代的一页。
>
> 1969年，美国国防部高级研究计划署研制开发建立的阿帕网（ARPANET）是Internet（互联网）的雏形。
>
> 在中国，网络传播始于1995年，几乎与世界同步。
>
> 互联网把全世界成千上万台计算机连接在一起，以实现全球信息资源共享的国际性互联网络，它以惊人的速度发展成熟。无线电广播经历了近40年的时间，用户发展到5 000万人；相同数量的用户增长，电视用了13年，而互联网只用了不到5年的时间。无疑，网络传播是人类有史以来发展最迅速的传播方式。从军事国防走向普通的人际交往，从专家技术人员走向普通大众，网络的发展历程证明了它作为一种人际沟通媒介的强大生命力。

在人类传播史上，互联网的出现是革命性的，因为它以无法阻挡的磅礴之力，迅疾打破了地缘政治、经济和文化的樊篱，以超强势力形成虚拟的、以信息为主体的跨国家、跨文化、跨语言的全新的空间。互联网在一个国家和地区的普及率，已成为衡量社会信息化程度和全球化程度的重要指标之一。

(2) 网络传播的特点：超越传统媒体

网络传播以其数字化、全球性、实时性、多媒体和交互性等特征彻底改变了传统的传播方式，颠覆了传统的传播观念，它吸引着我们，它改变着我们，它诱惑着我们。

网络吸纳各种传统媒体之长，又超越了任何一种传统媒体，能同时肩负人际传播和大众传播的职能，具有无与伦比的优势。

网络传播的特点	含义及影响
多向的传播渠道	网络传播可以是点对点、点对面、多点对多点、多点对多面的传播，网络传播渠道不是单向的，也不仅仅是双向的，而是多向的。多向度的传播形成了网络信息的丰富性。它融合了人际传播与大众传播的特点，兼有了口语媒介、印刷媒介和电子媒介的功能，成为独特的多向传播媒体。
传播主体的不确定性	网络传播过程中，传者和受者无法区分得那么清楚。传播主体的模糊性、隐蔽性，使传统媒体的纯粹的受者，成为网络中传、受合一的网民。
传播信息的多样性	多样性既指网络信息数量多，也指网络信息形式丰富。到目前为止，就信息的丰富性、多样性而言，还没有什么传播渠道堪与网络媲美。网络信息不仅数量多，而且形式多样，它可以借用人类创造的一切符号形式进行，言语的非言语的，听觉的视觉的，文字、图像、声音，无不可以呈现于网络传播中，这便形成了网络传播的突出特点：多媒体。不仅如此，网络传播还革新了传统的传播符号，创造出独特的网络语言。
网络传播的交互性	交互性传播一开始就使网络传播与传统的大众传播区别开来。传播与反馈几乎可以同步进行。无数网民可以同时参与到一个话题的讨论中，实现多向的、互动性的对话。
网络传播具有强时效性	网络传播则能以极少的成本实现24小时不间断的实时传播。

(3) 网络传播的社会影响：一把双刃剑

比尔·盖茨对信息高速公路的展望

当明天的威力强大的信息机器与信息高速公路联通以后，人、机、娱乐以及信息服务都将可以同时接通。你可以同任何地点、任何想与你保持联络的人保持联系，你可以在成千上万的图书馆中的任何一家图书馆阅读浏览，无论白天还是黑夜……你可以在办公室里收听、回答你公寓中的内部联络系统，或者回复你家中的任何邮件……你可以调查感兴趣的任何部分信息，以任何方式，持续到你所需要的任何时间。你会在方便的时候才观看一个节目，而不是当一个广播员愿意播放它的时候。你可以购物、点菜与业余爱好者伙伴联络，或在任何时候随心所欲地发布为他人使用的信息。

（［美］比尔·盖茨：《未来之路》，辜正坤译，北京大学出版社，1996年，第12页。）

喜悦与赞美：网络传播可能带来的正面影响

（1）虚拟政治。大众传媒与政治关系密切。东西方社会，媒体与政府的关系或许有根本性的差异，但媒体与政府间的关系密切却是共同的特点。网络拥有神奇魅力，政治家比一般人更清楚。利用传媒，成为这个时代政治上取胜的重要通道。

$$\left\{\begin{array}{l}\text{罗斯福——"收音机总统"}\\ \text{肯尼迪——"电视总统"}\\ \text{奥巴马——"网络总统"}\end{array}\right.$$

<u>开放性是网络传播的显著特征。开放性意味着越来越多的人可以通过网络了解国家的政治、经济、文化，更多地享受一个公民应有的种种权利，能够参与一些重大决策的讨论。</u>

（2）网上淘金。网络的商业用途日益增多，网络购物、网络广告、网络银行渐渐流行。利用网络进行商业活动的好处十分明显：省时、省力、省钱。

（3）网络文化。网络文化既指网络本身作为一种文化现象，也指网络中传播的各种文化，还指以网络为平台生产出来的各种新的文化形式。关于网络文化讨论的热度丝毫不亚于网络民主与网络经济。因为网络传播的信息改变了人们的视听，它无时间间隔的运行方式改变了人们的作息时间，人们的学习习惯、思维方式、工作方式、生活方式都随之改变。说到底，网络带来了全新的文化——网络文化。网络为普通大众参与文化创造提供了舞台，网络为各种文化的交流与碰撞提供平台。

① 网络广告的发展

网络广告是网络经济的重要形式。从投放形式来看，有类似于传统的，也有专属网络传播的。前者指像传统广告一样，由广告主花钱购买网站的时空平台，播放企业形象、商品、劳务等信息；后者则是网络广告的独特形式，如广告主（企业）可以利用自己的网络平台传送广告信息。从传递的信息来看，网络广告比传统广告提供的信息更加丰富。网络改变了传统媒体广告的单向性。而且，网络广告还可以根据客户的需求推出专门的广告，使广告从广而告之到有针对性的到达目标群体，大大保证了广告传播的有效性。

② 网络文学的发展

大众传播时代，精英文化走下神坛，通俗文化盛行。网络打破了壁垒，任何人都可以将自己的作品呈现于网络，这大大激发了人们的创作激情，网络文化因此呈现出异彩纷呈的特点，发达的网络原创文学就是一例。台湾痞子蔡的第一部网络长篇小说《第一次亲密接触》红极一时，标志着汉语网络文学由地下转到了地上，开始为全球的华人社会所关注。随后，网络文学迅速发展，依靠传统媒介获得声誉的作家也纷纷"触网"。网络是将文学越发沦为快餐消费，还是大浪淘沙后最终会产生新的文学经典？这个问题将伴随网络文学爱好者一道前行。

如果没有网络,各种文化的交流与碰撞发生的方式要单一得多。网络的开放性、跨国界性、跨民族性都使网络传播具有得天独厚的文化传播优势。今天,人们可以在方寸之间,走遍世界各地,了解各种不同的文化。站在文化传播主体的角度来看同样的问题,可以让自己的文化在网络的虚拟世界中与其他文化发生交融与碰撞。

恐惧和忧虑:网络传播存在的问题

网络传播的公开、高效、广泛使得信息能于瞬息间在网络世界传递,在地球上蔓延,这符合现代社会对发达的信息交流方式的需要。但网络信息一旦公开就不能再修改,所以,人们担心负面信息一旦上网,便无法控制其后果。这种担忧大大超出了20世纪二三十年代人们对大众传播魔弹般效果的想象。

首先,网络被当成一个虚拟的空间,网络主体具有匿名性的特点,由此带来对虚假的恐惧。其次,网络黑客和网络病毒对日益依赖网络的人们来说,是挥之不去的梦魇。再次,网络可能对人的心理产生种种负面的影响。

(1)"虚假"的信息。与网络媒体超速度发展相伴随的是网络假信息泛滥。与传统媒体相比,网络媒体的公信力较低。这一方面因为网络传播的匿名性为虚假信息提供沃土,一方面因为把关人的自身素质和网络把关的困难使虚假信息能够经由网络传播。

(2)网络黑客与病毒。"黑客"一词,源于英文Hacker,原指热心于计算机技术、水平高超的电脑专家,尤其是程序设计人员,现在该词泛指那些专门利用电脑搞破坏或恶作剧的人。对这些人的正确英文叫法是Cracker,有人翻译成"骇客"。病毒本是一个医学名词,计算机病毒(Computer Virus)借指编制者在计算机程序中插入的破坏计算机功能或者破坏数据,影响计算机使用并且能够自我复制的一组计算机指令或者程序代码。与医学上的"病毒"一样,它能通过某种途径潜伏在计算机的存储介质(或程序)里,当达到某种条件时即被激活,可能感染其他程序,对计算机资源进行破坏。

网络中的病毒有的是良性,仅影响系统的正常运行而已,但更多的病毒是恶性的,会发作,发作的表现各有千秋:有的格式化硬盘,有的删除系统文件,有的破坏数据库。随着网络技术的发展,电脑病毒的传播和破坏能力亦日益加强,它们经由电子邮件、网页浏览、网络服务等网络途径传播,传播速度更快,发生频度也更高,传播范围更广。在病毒传播和抗病毒措施的博弈中,后者显得滞后。专业的反病毒网站不断加强预报和解决能力,其作用受到普遍重视,无奈网络病毒一旦攻入,其后患难以估量。尽管安装了专业杀毒软件,安装了防火墙,人们的恐惧并没有消失。在人们对网络依赖程度日益加深的网络时代,在病毒与反病毒的较量中,这种恐惧日益加深。

(3) 网络成瘾。当网络的吸引力超过一定的限度以后,就会引发新的问题。如沉溺于网络,或者说网络成瘾,已经引起世人越来越多的关注。网络成瘾的主要表征是:沉迷于网络,失去自我控制,分不清网络世界与现实世界的关系,甚至荒废学业、工作,抛弃现实的人际沟通,最终与社会产生一种疏离感。如何提高网络素养,理性把握网络沟通,成为网络时代人们不可回避的问题。

关于比尔·盖茨被刺的假新闻

2003年3月29日,美国有线新闻网CNN于3月28日的消息称,微软总裁比尔·盖茨在出席洛杉矶的一个慈善活动时遭到暗杀并死亡。很快,新浪、搜狐等国内各大网站相继转发这条消息,并发布关于"比尔·盖茨遇刺"的手机短信。没过多久,"中国日报"网站刊登原始文章的截图,同时追加报道:"此消息在CNN网站上出现大约半个小时后,不知何故CNN网站又将此新闻稿撤除。到目前为止,美国其他媒体和通讯社均无此消息的报道。"然后,"中国日报"网站更正:"微软公司致电'中国日报'网站,称该消息是2002年愚人节的恶作剧内容,不知何故3月28日又出现在CNN网站上。"新浪、搜狐均证实比尔·盖茨被刺身亡消息为假新闻,正式表示道歉。

(陈斌、贾亦凡:《2003年十大假新闻》,《新闻记者》,2004年第1期,第22页。)

网络黑客事件

20世纪90年代早期,出现了Kevin Mitnick,一位在世界范围内举重若轻的黑客。世界上最强大的科技和电信公司——诺基亚(Nokia)、富士通(Fujitsu)、摩托罗拉(Motorola)和 Sun Microsystems 等的电脑系统都曾被他光顾过。1995年他被FBI逮捕,于2000年获得假释。他从来不把自己的这种入侵行为称为黑客行为,按照他的解释,应为"社会工程(social engineering)"。

钟老师大课堂：网络人际交往，虚拟还是真实？

网络传播不仅深刻地影响了社会的政治、经济、文化，还深深地改变了人本身，人们的自我观念也相应发生某些变化。种种变化中，网络对人际关系的冲击最大，也最引人注目。从积极的视角来看，网络构造新型人际关系，丰富了人际交往的渠道；从消极的角度看，网络将人拘束在冰冷的屏幕前，以虚拟互动代替了现实生活中的互动，可能会产生更多的不信任感、孤独感。

比尔·盖茨在《未来之路》中引用了的一幅画：一只正在操作网络的狗对身边的另一只狗说，"在 INTERNET 上，没人知道你是一只狗。"这句话可以说把网络交往的虚拟化形容得准确到位。"虚拟"是与网络相连使用频率极高的一个词。人们往往这样表达网络传播的根本属性："虚拟的网络世界"，或"网络的虚拟世界"。虚拟又被置换成"虚假"、不真实。所以，人们既喜欢网络中的无拘无束，又害怕网络中的虚假。

对于网络的虚拟性我们是肯定的，但虚拟不等同于虚假。虚拟是网络传播的技术模式，指网络传播模仿现实途径的方式进行人际的沟通与交流。真实与虚假则有两个标准，一个是客观的判断，一个是主观体验的感受。从两种不同的角度看网络人际关系，呈现出虚假与真实相缠绕的复杂状况。从客观的角度说，网络本身的虚拟特征使网络中的交流主体可以带上厚厚的面具，无论是年龄还是性别、身份，都可以自己虚构。从心理学的角度说，人是喜欢集群害怕孤独的，如果能既处于集群中又处于匿名状态，则会备感安全。到目前为止，网络是唯一提供了双重可能性的通道。所以，网络中的人往往以虚拟的身份游荡在网络中，建立的人际关系就具有虚拟性特征。但是，正因为戴上了面具，人们可以抛弃现实的纷扰，袒露心怀，表达真实的情感。可以彼此感受到这种虚拟下面的真实，从个人表达的某些方面和个体体验的角度来说，网络可能拥有比现实更真实的内心体验。也正是这个原因，网络人际关系可以弥补现实人际关系，让人们以虚拟的身份获得真实的情感体验。因此，不能简单地说，网络是虚假的还是真实的。人类精神交往正在从一般的原始的面对面交往，经过文字媒介的阶段，重新走向"面对面"的交往，一种更高层次的面对面交往。历史在螺旋形上升，网络中的人际沟通正是借用了各种符号进行的更高层次的面对面交往方式。

小结

媒介形式	特点
报纸、杂志、书籍等印刷媒介	读者的自由度较大，可控制自己的阅读速度，可自由选择阅读的时间、地点、方式等；可重复阅读；权威性较高；对文化程度有一定的要求
广播、电视、电影、网络等电子传播媒介	传播速度快，传播手段多样化，传播内容更加丰富多彩，受众的费力程度低，表达方式生动逼真

互联网上的友谊

网络媒体建构了一种新型的人际关系：网友。素不相识的人通过网络，可以互相交谈，成为陌生的熟悉人，成为陌生的朋友。这种人际关系与通过传统的人际沟通渠道建立的人际关系相比，具有鲜明特点：(1) 人际沟通本身可能就是目的，而不是手段。也就是说，网民们在网络海洋中徜徉，交朋友本身就是一种存在方式。(2) 网络中的人际关系可能比现实的人际关系更单纯。(3) 网络人际关系模拟现实人际关系，但具有虚拟性。网络中的各种人际关系参照现实人际关系的模式，有普通朋友，有亲密朋友，甚至模拟现实恋爱婚姻关系而建立的恋人、夫妻关系等等，它们具有不同程度的虚拟性。(4) 网络人际关系一旦走出网络，试图成为现实的人际关系，可能遭遇不同的结果：它可能转化成现实人际关系，网络情感延伸到现实，带来幸福的感受；它也可能迅速被破坏，显示出网络人际关系的脆弱性。网络流行语"见光死"表达的就是网络关系在向现实关系转化中的失败。

除网络媒介外，电子媒介都是按线性时间顺序进行传播，听众或观众必须按事先安排好的顺序进行收听或观看，声像媒介的转瞬即逝也使电子媒介在表达深刻的、复杂的内容方面比不上印刷媒介。

二、心理学对大众传播现象的重视

（一）从心理学角度提出的传播理论

从心理学角度提出的传播理论举例

（1）沉默的螺旋理论

时间	代表人	主要观点	影响
1973年	伊丽莎白·内尔-纽曼	认为大众传播媒介在影响公众意见方面确实有很大的效果。	从社会心理的角度，揭示了舆论形成过程中大众传播的巨大作用，重新提示了一种强有力的大众传播观。

（2）议程设置理论

无论在家里还是在家外，无论是朋友间还是同事间，无论是熟人还是偶然碰见的陌生人，只要有相遇，人们就可能发生谈话。那么，人们说什么呢？开口之前，你是否会猜猜对方的心思，试图寻找他感兴趣的话题？如果判断失误，你会改变话题吗？你会依据什么来转换话题呢？如果找不到话题，你是否会就此沉默？除了属于个体间的话题外，还有哪些属于更大范围的社会性话题呢？这些问题可以归结成一个焦点：谁在左右我们的话题？

时间	代表人	主要观点	影响
1972年	麦克姆斯和肖《大众传播的议程设置功能》	大众传播往往不能决定人们对某一事件或意见的具体看法，但可以通过提供给信息和安排相关的议题来有效地左右人们关注哪些事实和意见及他们谈论的先后顺序。也就是说，大众传播<u>可能无法影响人们怎么想，却可以影响人们去想什么</u>。	大众传媒告诉我们想什么，怎么想，由此为整个社会设置议程。<u>议程设置功能理论从考察大众传播在人们的环境认知过程中的作用入手，重新揭示了大众传媒的有力影响</u>，将人们从有限论的悲观泥淖中拉了出来。

（二）最初的传播心理学就是大众传播心理学

例如，关于传播心理学的出版物主要是大众传播心理学：

刘京林：《大众传播心理学》；

刘晓红、卜卫：《大众传播心理研究》；

章洁、方建移：《大众传媒心理学》；

还有 Richard Jackson Harris 的《媒介心理学》也是研究大众传播的。

第二节 传者、受众与传播内容

一、传者的研究

我国传播心理学界，有对记者心理、编辑心理、播音主持人心理等方面的讨论。

心理学家考虑的：大众传播者（我们也叫新闻工作者）的特征描述，包括人口学特征和心理学特征。

例如：个人态度。

盖斯（Gans）(1979) 对美国记者的研究

盖斯研究美国记者，发现他们有与大多数美国人一样之处（崇尚爱情、家庭、友谊，反对仇恨、偏见、战争等），也有其他共同点（民族优越感、利他的民主政治、负责任的资本主义、小城镇田园主义、个人主义、稳健温和中庸、社会秩序、领导能力等）。还有价值观、宗教信仰、人格特性、职业角色的影响等等。

中国也做过新闻从业人员的特性调查研究。

在社会心理学中，传统的态度以及态度转变研究中涉及的传者心理研究如下。

> 验证性偏差的研究
>
> 在大众传播中常有的心理：
> 想证实或确证；
> 新闻报道（主题先行）——这就是心理学中说的概念启动；
> 我们会去找那些观点相同的人（滚雪球效应）；
> 自己的信念：证实比证伪更舒服；
> 别人同意我的发言，报告中的停顿（鼓掌）；
> 自己造成的验证。
>
> （迈尔斯《社会心理学》）

二、受众的研究

> "媒介理论中没有哪个领域如对观众的研究那样进退维谷、颇多争议。在怎样对观众和观众效应进行定义上，媒介理论家们远未能达成一致意见。"
>
> ——斯蒂芬·小约翰

（一）什么是受众？

受众，是社会信息传播的接受者。报纸的读者、广播的听众、电视的观众、网民，组成了传统的受众群体，他们是大众传播受众的主要代表。

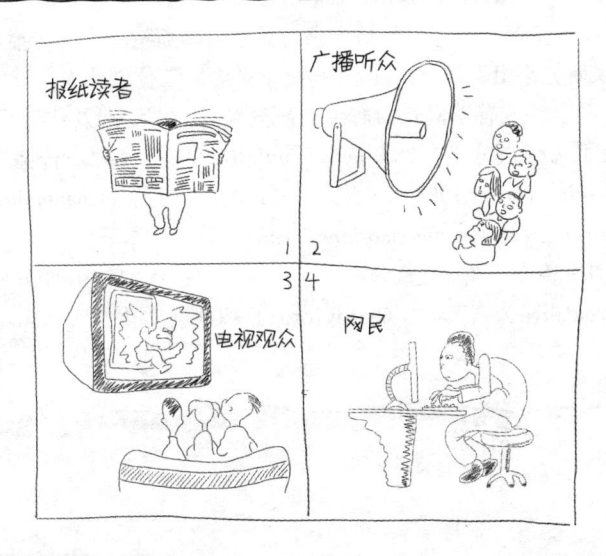

155

1. 大众传播的"大众"首要的涵义就是大量的受众。大众传播超越了人际传播的点对点的方式，实现点对面的传播，将信息于瞬息之间传向无数的个体，这是一个众多、混杂、分散、隐匿的群体，他们交流、分享信息。因此，在整个传播过程中，受众扮演着非常重要的角色，他们是：

{ 信息的消费者
  传播符号的译码者
  传播效果的反馈者

对受众的研究也有多种分类讨论，例如儿童受众、青年受众、女性受众、老年受众等。

2. 受众的需要（动机） {
   (1) 获取信息
   (2) 掌握知识
   (3) 追求娱乐
   (4) 开展社交

3. 受众心理研究的层面

研究维度	举例
宏观的研究	社会学的、社会心理学的、传播学的等
微观的研究	实验心理学的、认知心理学的、语言学的等

(二) 受众理论的发展

两种关于受众研究的分类

(1) 丹尼斯·麦奎尔（Denis McQuail）的三分法

丹尼斯·麦奎尔，英国传播学家，荷兰阿姆斯特丹大学传播学终身教授，"欧洲传媒研究小组"成员，《欧洲传播学杂志》三位创始人之一。丹尼斯·麦奎尔在传播学领域有着漫长而辉煌的研究经历，广泛涉及传播研究的诸多领域，出版了《受众分析》(Audience Analysis, 1997)、《大众传播理论》(Mass Communication Theory, 1983)、《大众传播研究模式论》(Communication Models for the Study of Mass Communications, 1982) 等十几本著作。

丹尼斯·麦奎尔在《受众分析》一书中，将受众研究的传统分为三大类：结构性（structural）、行为性（behavioral）和社会文化性（sociocultural）受众研究。

	结构性	行为性	社会文化性
主要目的	描述受众构成，统计数据，描述社会关系	解释并预测受众的选择、反应和效果	理解所接收内容的意义及其在语境中的应用
主要数据	社会人口统计数据，媒介及时间使用数据	动机、选择行为和反应	理解意义，关于社会和文化语境
主要方法	调查和统计分析	调查、实验、心理测试	民族志、定性方法

（丹尼斯·麦奎尔：《受众分析》，刘燕南等译，中国人民大学出版社，2006年，第30页。）

(2) 德弗勒的四分说

德弗勒将大众传播受众研究的经典理论归纳为四种：个人差异论、社会分类论、社会关系论、文化规范论。

从传播心理学进行的受众研究主要体现在行为性受众研究中，特别集中于受众的媒介接触动机、选择行为和反应行为研究。当然，很多时候，三种研究传统的综合运用对于受众分析来说，更具有说服力。

1. 受众研究的分类
2. 受众理论中与传播心理学关系密切的理论如下。

时间	代表性观点	特点
早期	魔弹论（皮下注射论）	受众是被动的靶子，接受信息就像中弹一样
现在	个体差异论 社会分类论 社会关系论 使用与满足理论	接受者（受众）个人特征、社会类属、主动性等得到了强调

三、受众理论发展中代表性的理论举例

1. 中弹即倒的想象

分析：从当时的媒介和社会状况来看，人们拥有"中弹即倒"的想象并不奇怪。但站在今天的立场来看，就会发现其问题主要在于过分夸大了大众传播的力量和影响，忽视了影响传播效果的各种客观的社会因素，并且否定了受众对大众传媒的能动的选择和使用能力。

时间	主要观点	标志性事件	影响
20世纪初至20世纪30年代末	大众传播媒介拥有不可抵抗的强大力量，它们所传递的信息在受传者身上就像子弹击中躯体、药剂注入皮肤一样，可以引起直接速效的反应；它们能够左右人们的态度和意见，甚至直接支配他们的行动。	1938年10月30日发生了著名的《火星人入侵地球》广播剧事件。	引发了大面积的恐慌，深刻影响了早期的大众传播效果观。

火星人入侵地球啦！

2. 受众的个人差异论、社会分类论、社会关系论

受众理论	主要观点	影响
个人差异论	个体间的差异有先天的生理的原因，但主要是由于后天环境的不同所造成。个体在成长的过程中，接触到大相径庭的观点、态度、价值观和信念，所有这些构成他的心理结构，并使他与众不同。	个人差异论注重个人性格和认知上的差异；主要理论贡献在于提出了选择性注意和选择性理解。
社会分类论	受众具有独立性，但并不是孤立的，他属于各种不同的社会群体，这些社会群体处于社会结构的不同位置，群体会影响其成员的媒介信息接受行为。	强调群体内部的统一性，同时又注意到了群体之间的差异性，这是其优于个人差异论的地方。社会分类论是对个人差异论的修正与改进。
社会关系论	拉扎斯菲尔德、贝雷尔森和卡茨等人的研究成果。受众是处于不同社会关系网络中的人，关系网络的存在及其复杂性会对关系中的人产生深刻的影响。因此，受众本身的因素和与他有关系的其他人的因素对受众的信息接受都会产生错综复杂的影响。	对社会分类论的修正。

我和你不一样，我们和你们不一样哦！

3. 使用与满足理论（uses and gratifications）

主要观点	影响
面对大众传播，受众不是被动的，他们总是可以积极主动地选择自己所偏爱的和所需要的媒介内容和信息，不同的受众还可以通过同一媒介信息来满足不同的需要，并达到不同的目的。	传播学者第一次将受众定位成传播过程的主动参与者，而不是传统观点所认为的被动的、不动脑筋的观众。 重要意义：一方面，提示传媒作为传者，应充分考虑受众的需要，尽可能地满足受众需求；另一方面，它提示受众，作为主动的媒介信息接受者，应不断增强媒介素养，在海量的信息中，学会理性选择、判断，成为真正的媒介使用者，而不是被媒介牵着鼻子走的奴隶。

<u>使用与满足理论告诉我们，是人在使用媒介，而不是相反；人使用媒介说到底只是为了满足其需要而已。但是，也有批评者认为，使用与满足理论强调受众在其媒介经验中居于"主导"地位实际上是夸大了受众的主动性。</u>

影响传播的因素（从受众层面看）
(1) 受众以往的经验（认知图式）；
(2) 受众的人格特征；
(3) 受众的情绪状态；
(4) 受众的动机需求；
(5) 受众的态度价值。

四、信息内容的研究

卡尔·霍夫兰（Carl Hovland）的态度与态度改变研究中做过许多相关研究。
（一）单面信息（one-sided messages）与双面信息（two-sided messages）

单面信息与双面信息的研究

单面信息与双面信息研究是一个很经典的研究。

单面信息与双面信息哪种对人们影响大呢？研究结果表明，不能一概而论。

检测过的因素，如：

受教育程度（单面信息对受教育程度低的人更有效，双面信息对受教育程度高的人更有效）；最初的态度是赞成还是反对（单面信息对最初赞同该信息的人更有效，双面信息对最初反对该信息的人更有效）。

（二）对信息引发情绪的研究

家长常常吓唬孩子，媒介也常用诉诸恐惧的方法。

卡尔·霍夫兰关于恐惧的研究

霍夫兰在《传播与说服》（1953）一书中介绍的一项研究。研究表明，不同程度的恐惧信息对牙齿保健行为的影响不同。

研究结果符合心理学中著名的"倒U形曲线"，太引发人们恐惧的信息，反而对人们的行为改变没有多大效果。

第三节 大众传播心理学的焦点话题

当报纸、广播、电视、电影、网络等塞满了生活，人们会受到怎样的影响？当孩子们在电视上接触到大量的暴力镜头，他们会更加倾向于采取相同的行为吗？当看到各种媒体广告都在宣传某一种商品时，你是否产生了购买的冲动？这里面涉及传播心理学研究的几个重点方面：网络传播中的心理学问题、媒介暴力和广告心理学研究。

一、网络亲密关系

（一）什么是网络亲密关系？

网络亲密关系指以互联网为媒介建立的亲密关系。人们不仅使用互联网作为与家庭、朋友联系的方式，而且作为形成新的、有意义的亲密关系的方式。

网络人际交往已成为现代社会交往的一种模式。这种交往模式的内涵正在不断地丰富，已不仅仅局限于传统意义上的交流，而且包括个人信息的分享、信任、亲密感的产生、社会关系的建立等。在建立网络关系的过程中出现了一个令人关注的现象——网络亲密关系。

（二）网络亲密关系的性质

网络亲密关系的性质	网络亲密关系通常是心灵上的联系，属精神层面的亲密感，具备了爱情的亲密成分； 网络亲密关系具备爱情中一定的激情成分； 网络亲密关系具备爱情中的承诺的成分。

（三）网络亲密关系的类型

网络亲密关系的两种类型	
利用网络作为有效的工具，以寻求形成网络下的亲密关系或寻找网络下的性伴侣为目的。	为了在网络中建立亲密关系或性关系，这种类型又被分成追求纯粹的性关系或追求更加深入的亲密关系。

（四）网络传播的特点与网络亲密关系的成因

网络传播的特点	对网络亲密关系形成的影响
匿名性	高度自我表露
交流的不同步性	积极自我表征
虚拟性	自我满足感

（五）网络亲密关系的发展过程

网络亲密关系发展阶段	特点	影响
早期形成阶段	个体注重表征自己，在网络约会时积极地进行自我表露，把自己表征成具有吸引力的、理想化的个体。	展现较理想的自我，为亲密关系的建立奠定基础。
建立阶段	网络亲密关系取决于彼此间强烈的、共同的自我表露和各自对于世界观的亲密分享。	容易把彼此美化，促进网络亲密关系的形成。

维持阶段	靠彼此间共同的价值观和亲密感等内部因素，而非经济、社会地位等外部因素。	易于维持。
破裂阶段	彼此间价值观和亲密感出现问题时，双方就会选择分手。	限于网络的亲密关系分手比较简单。

（六）形成网络亲密关系的个体特征

> 具有以下特点的个体更容易形成网络亲密关系：
> 害羞的人格特质；
> 性开放者和感情丰富的个体；
> 高焦虑的依恋特征以及婚恋受挫的个体等。

二、媒介暴力

（一）界定

媒介暴力指大众传播媒介中呈现的对他人的身体造成的有目的性的伤害行为。

> **媒介暴力研究的重点**
> 媒介暴力的影响——即对受众的现实性影响（包括认知、态度和行为）；
> 影响媒介暴力社会影响的因素；
> 如何应对媒介暴力的影响。

（二）媒介暴力的影响举例

1. 恐惧

乔安妮·康托 (Joanne Cantor) 致力于对媒介暴力引起的恐惧的研究。

> **童年时期受到电影惊吓的记忆研究**
> 乔安妮·康托在对暴力媒介导致的恐惧经历的研究中，采访了几百个年轻人，要求他们叙述童年时期受到电影惊吓的记忆。
> 多个研究发现，几乎所有的成年人都会很容易记起在儿童或者少年时期受到电影惊吓的经历。这种记忆或许包括其他一些效果都是长久难以磨灭和消除的。

> 短暂的恐惧反应是很正常的，相当一部分儿童和青少年都会出现持续而强烈的情感波动；同时，在各年龄层中都有极少数一部分人更容易受到媒介暴力的影响，并会产生严重的破坏性的反应。

2. 模仿
理论基础：社会学习（社会认知）理论。

> 班杜拉（Bandura）对芭比娃娃的研究
> 班杜拉让儿童观看其他人对一个大的塑料充气娃娃实行击打。接下来观察儿童自己对芭比娃娃的行为。
> 持续的研究表明，儿童模仿前面在实验中看到的暴力行为。

3. 培养
理论基础：培养理论。

乔治·格伯纳等关于暴力态度的培养研究如下。

比起那些不经常看暴力内容的观众，经常看暴力内容的观众认为现实世界是一个更加危险和充满犯罪的世界。

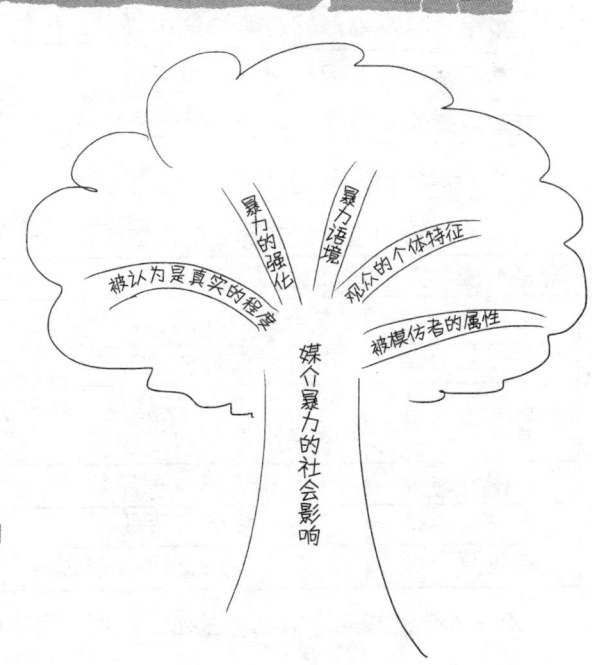

媒介暴力的社会影响：
- 暴力的强化
- 暴力语境
- 观众的个体特征
- 被认为是真实的程度
- 被模仿者的属性

(三) 媒介暴力的社会影响因素

媒介暴力的社会影响因素	相关研究结论
被模仿者的属性	相对于那些没有多少吸引力、不受人尊敬和无名小辈的被模仿者来说，人们更可能模仿那些受人欢迎、尊敬和有名的被模仿者的暴力行为。
暴力的强化	得到强化的暴力更可能被人们模仿或者对人们产生脱敏效果。
被认为是真实的程度	被认为是真实的暴力比起那些一看就假的暴力行为会产生更大的效果。
观众的个体特征	观众的个性特征、年龄和性别特征、被唤起的程度等个体性特征使媒介暴力影响有差异。
暴力语境	不同媒介语境中呈现的暴力影响不同。

（参阅：理查德·杰克逊·哈里斯：《媒介心理学》，相德宝译，中国轻工业出版社，2007年。）

(四) 如何应对媒介暴力？

一般认为，媒介素养是应对媒介暴力的重要力量。

<u>老师说，媒介素养问题现在得到越来越多的关注，从小学到大学，很多学校设置了相关课程，其目的就在于通过学习和讨论提高对媒介的认识了解，从而能够更好地使用媒介。从传播心理学的角度来看，媒介素养强调通过学习、讨论和思考提升媒介使用者使用媒介的能力，无疑有助于正确认识媒介暴力，防范媒介暴力可能造成的不良的社会影响。</u>

三、广告心理学研究

(一) 广告心理学研究的一般框架

研究对象	研究的主要内容
广告传者心理	广告主的观念、广告人的心理素质
广告作品心理	广告作品的心理效应
广告受众心理	受众对广告的注意、认知、理解，受众态度的改变、购买行为和决策心理
广告媒介心理	广告媒介的心理功能
广告环境心理	广告环境的心理影响
广告效果心理	广告效果测评的心理指标

无所不在的广告：电视、报纸、广播、互联网等。

分析：这种框架显然是按照传播的基本要素来构建，比较完整地对广告传播涉及的各个方面（包括传者、信息、受众、渠道、环境、效果等）进行全面研究。属于比较基础性的研究，国内广告心理学的相关教材一般采用此框架。

（二）广告心理学研究关注的一些重点问题举例

1. 广告中的心理诉求

广告中的心理诉求方式	特点	举例
理性诉求	通过提供产品或服务的信息影响受众的认知。	详细解释产品的功能和特征。
情感诉求	将自然的、正面的情感和产品联系起来，通过感情影响认知，从而最终影响消费行为。	麦当劳："欢迎你来，欢迎你再来"。

2. 性、暴力有利于销售吗？

关于广告内容选择的一个实验

如果根本不了解内容，让男性被试在两部电影中选择：1. 普通级；2. 限制级。
结果，限制级轻松获胜。
原因是什么？用一个被试的话："限制级电影会有更多性和暴力的镜头啊。"

有性和暴力的节目　VS　没有性和暴力的节目

密执安大学布什曼（B. Bushman）的研究

布什曼让被试看四个等级的节目：
1. 暴力；2. 性；3. 既有暴力又有性；4. 没有暴力也没有性。
四种节目中安排了一些广告。
然后，测试大家的记忆和购买意愿。
结果：在没有暴力也没有性的节目中插播的广告，更有可能被记住或引发购买意愿。
为什么？
1. 人们更多记住了暴力和性，也就是注意力被转移了；
2. 厌烦，在注意力集中时插播的广告令人排斥。

讨论：如果重复的次数多呢？
熟悉度的提高可以起到效果——曝光效应。

3. 隐性广告

隐性广告如何为受众所注意、理解和记忆？

隐性广告如何影响受众的认知，如何引起受众态度的变化，如何导致消费行为？

❓ 网络的发展对民主建设有何影响？

答：民主建设是人类共同努力的方向，大众传媒的发展推动了民主发展的进程，但传统媒介不能提供民众参与政治的有效途径。网络诞生后，借由其多路径的交互性，更多的人才能够参与到民主建设中来。关注不同问题（如同性恋、艾滋病、环境保护、枪支控制、死刑、饥饿等等）的人可以通过虚拟社区找到志同道合的朋友，共同讨论，一切变得轻而易举。正如盖茨在《未来之路》中所说，Internet 是政治、社会和环境活动家的梦想。

课后思考题：
网络亲密关系与现实亲密关系的异同？

推荐阅读：
理查德·杰克逊·哈里斯著、相德宝译：《媒介心理学》，中国轻工业出版社，2007年。

丹尼斯·麦奎尔著、刘燕南等译：《受众分析》，中国人民大学出版社，2006年。

孟庆东、王争艳：网络亲密关系的性质与成因，《心理科学进展》2009（2）。

第九讲 跨文化传播与文化认知

本讲内容提要
跨文化传播概说
文化背后的心理
跨文化培训
跨文化沟通的基本原则

第一节 跨文化沟通概说

（1）圣经中有 Babel 塔的故事，好莱坞电影《通天塔》讲的就是沟通的重要性以及跨文化沟通中的问题。

耶和华说："看哪，他们成为一样的人民，都用一样的言语，如今既做起这事来，以后他们所要做的事就没有不成就的了。我们下去，在那里变乱他们的口音，使他们的言语彼此不通。"（《创世记》第11章）

（2）北京奥运会新闻传播的中西差异。

国家	报道侧重点
中国	领导、集体、宏大叙事
美国	平民、个人、细节入手

（3）"中国式思维下的交际"。

采访外国在华者的中国记者常常提一些几乎千篇一律的"老套路"问题，让受访者啼笑皆非，如：

你在中国已经25年了。请问，你中餐吃得惯吗？

作为外国人，你肯定花了很长时间来学用筷子吧？请问，难学吗？

我们中国人发明了很多东西。你知道中国古代的四大发明吗？

又如日常交往中的自我介绍：

中国人	美国人
"我是某某单位的"	"我是博士、教授"
"我爸是李刚"式	"我是詹姆斯"式

（4）新东方英语教学的变化。

课本中新的栏目不断出现，从讲语言点发展到讲思维点。

语言本身（如语法）文化 Native Speaker 的思维。

依据：语言背后是文化，文化背后是思维。

认为学好英语，特别是美式英语，需要掌握六种价值观：① 个性自由；② 自力更生；③ 机会平等；④ 竞争意识；⑤ 追求财富；⑥ 进取敬业。

一、跨文化对话的三种形式

{ 自我中心的对话
  支配式的对话
  平等的对话 }

背后考虑的是什么？权力的较量吗？
权力可以影响传播，不同的文化对权力的态度是不一样的。

二、霍夫斯泰德的权力距离研究

霍夫斯泰德（G. Hofstede）在其著名的跨文化研究中提出了权力距离（power distance）的概念，指某种文化中最具有权力的人与最没有权力的人之间的沟通距离。

他区分出两种不同的权力距离文化——"高权力距离"和"低权力距离"。

权力距离	沟通与权力的关系	沟通中信息流动的方向	组织（社会）结构特点	言语特点
高权力距离	沟通受到权力的种种限制，沟通常常是从顶层扩散开来的。（下行传播）	个体之间、组织之间的沟通一般要通过某些有权力、有地位的中间人来进行。	更倾向于有着严格层级的权力结构。	人们通常会称呼头衔，对等级高的人使用敬语。
低权力距离	沟通受到权力的干扰较少。	沟通既可以向上进行，也可以向下进行。	更倾向于扁平化的、民主的权力结构。	人们相互间更可直呼其名，说话较少字斟句酌。

第二节　文化背后的心理

一、语言与思维（文化）的关系

（一）萨丕尔－沃尔夫假说（Sapir-Whorf Hypothesis）

1. 萨丕尔－沃尔夫假说的内容是什么？

沃尔夫（Whorf）追随老师萨丕尔（Sapir）对美国的Hopi族印第安人语言进行系统研究，发展出了有名的萨丕尔－沃尔夫假说。

认为所有高层次的思维都倚赖于语言，即语言决定思维。由于语言在很多方面都有不同，使用不同语言的人对世界的感受和体验也不同，也就是说与他们的语言背景有关。

霍维尔 (Hoijer) 认为该假说提出了三个要点：

(1) 语言在文化整体性的建立过程中，扮演着重要的角色。语言不仅是沟通工具，还同时引导或指挥人们的认知系统，而且给言说者提供一组解释经验的习惯性模式。

(2) 语言的结构与语义之间的关系是密不可分的。

(3) 语言与文化有直接性的关系，一个语言的表达方式，通常描绘出言说者的思想模式，并可以用来理解与测量一个人的世界观。

如："屡战屡败"改为"屡败屡战"，语言表述的不同，就在人们的感知、思维上产生不同的效果。

2. 萨丕尔－沃尔夫假说对跨文化沟通有何启示？

<u>由于人类语言系统的差异，要克服文化间沟通所带来的阻碍，非常困难。</u>

从沟通角度来看，人们不可能有足够的能力完全认识自己的文化，因此人们就无法有意识地或完全操控自己的语言。这是跨文化沟通容易产生障碍的重要原因之一。

(二) 语言相对论 (Language Relativism)

<u>语言相对论采用较保守的态度，不认为语言是人类文化生成者，而认为语言只是反映人类的文化，包括思想、信仰及态度、行为。</u>

1. 维纳与梅拉比安 (Wiener & Mehrabian) 的研究

从语言的使用观察到一个人的喜爱，如：

(1) 指示代词的运用，言说者用"这"或"这些"显示出比用"那"或"那些"更喜欢对方。

(2) 顺序的排列，言说者常下意识地将更喜欢的放在前面。

(3) 肯定和否定的用法，言说者常用正面或肯定语表述喜欢的事物，用负面或否定语表述较不喜欢的事物。

(4) 时间的长短，人们往往花较多的时间谈论自己喜爱的人和事物。

2. 关于词汇的文化差异研究

(1) 词汇学假设 (lexical hypothesis)

<u>在特定文化中，某种事物愈受关注，语言中描述该事物的词汇就愈多。</u>

(参见第二讲"关键词"之词与物的对应关系。)

例如：

雪：因纽特人的雪的概念相当丰富，有多达上千个词汇。

牛：非洲南部的博茨瓦纳有"牛王国"之称，当地人民的生活处处与牛有关，牛是财富的象征，也是庆典的祭品。

亲属：中国重视亲属关系，因而亲属称谓非常复杂、丰富。

还有意义的不同。

东风、西风：在不同文化中，与其自然特征相结合产生了不同的寓意，如在中国东风喻指积极的、正面的力量；在英国则可能相反，如雪莱有《西风颂》。

松、鹤：在中国文化中有特殊意义，如长寿。

(2) 伯林和凯 (B. Berlin & P. Kay) 关于颜色词的研究

他们的研究是开创性的研究。研究了上百种语言中关于颜色的词汇，发现不同语言有明显的差异。

他们发现一些规律，一种语言中拥有的颜色词数量与颜色的种类有一些对应关系。颜色词从两色到五色，所反映的颜色种类如下表：

拥有的颜色数量	颜色种类
两色	黑、白
三色	黑、白、红
四色	黑、白、红、绿（或黄）
五色	黑、白、红、绿、黄

二、非言语信息的文化差异：霍尔 (Hall) 的研究

非言语符号	中国的意义	美国的意义
手势OK	表数字3	表胜利、好等意思
目光的注视	不主张目光直接接触	强调目光直接接触
身体的接触	"非接触文化" (noncontact culture)	"接触文化" (contact culture)

"点头摇头"：一般来说，点头表同意，摇头表否定，都这样吗？

阿尔巴尼亚，点头表否定、不同意；保加利亚、希腊的部分地区，点头表示反对。

澳大利亚土著毛利人的"碰鼻礼"：见面碰鼻以示友好。

（一）霍尔对非正式空间的分类

霍尔提供了在美国人们的嗓音随着具体距离范围的变化而产生的相应变化，从中可以窥见人际距离与谈话内容、亲密程度之间的关系：

人际距离	适宜的谈话内容
非常近（3英寸至6英寸）	轻声耳语；谈论绝对的秘密。
很近（6英寸至12英寸）	听得见的耳语；谈论非常机密的事项。
近（12英寸至20英寸）	室内，轻声；室外，正常嗓音；谈论机密。
不远不近（20英寸至30英寸）	轻声，音量较低；谈论私事。
不远不近（4.5英尺至5英尺）	正常嗓音；谈论非私人性质的问题。
公开场合的距离（5英尺至8英尺）	正常嗓音偏高；谈论公开事项以便别人听到。
对房间的另一端（8英尺至20英尺）	响亮的嗓音；对一群人讲话。
延伸距离的界限（室内为20英尺至24英尺；室外可达100英尺）	招呼或告别。

这里呈现的是美国人的人际距离，其他文化中人际距离的表现不一定与此相同。例如霍尔本人就观察到南美人和北美人在人际距离上的差异，南美人在两人谈话时的人际距离较小，而北美人较大，于是一个南美人和一个北美人站在一起说话，南美人会不自觉地往前挪动脚步，而北美人则会步步后退。

霍尔还曾把人际距离分为四种类型：

> 亲密的（intimate）
> 个人的（personal）
> 社会的（social）
> 公众的（public）

（二）霍尔对不同文化中时间观念的分类

时间观念类型	时间观念
单线（单向性）时间 (monochronic time)	时间被精确利用，未来得到关注，强调时间计划，人们相信"时间就是金钱"。
多线（多向性）时间 polychronic time	时间被笼统看待，现在比未来更重要，忽略时间计划，人们相信"计划没有变化快"。

不同文化中的成员可能持有不同的时间观。人们对待时间的方式以及重视时间的程度可以从文化对时间的利用形式上找到参考。

有些文化特别是集体主义的文化，如拉美、中东、东亚等地的人们把时间看做是多线（多向性）时间，在同一时间里可以从事好几件事，人际关系比时间重要，所以守时并不被强调，在拉美一些国家，商业人士在会议上迟到十几分钟还认为自己是准时的。

有些文化尤其是个人主义文化，如北欧、北美、德国等地的人们把时间看成是单线（单向性）时间，在他们看来，时间是有形的，可以被浪费、花费。时间被看做是能够被控制的或被人们浪费的事物，所以赴约会准时非常重要，迟到被认为是不礼貌的。

（三）霍尔在《超越文化》中提出文化价值取向模式

高语境文化（high-context culture）与低语境文化（low-context culture）

所谓高语境文化指的是，在传播过程中，绝大部分信息或附着于当时的情景、或内化于个体身上，而极少存在于编码清晰的被传递的信息中。低语境文化将大量的信息置于清晰的编码之中，依赖的是明确的言语沟通而非沟通时的情景。

霍尔认为，包括中国文化在内的许多东方文化属于高语境文化，包括美国文化在内的许多西方文化则属于低语境文化。

例：在一场商务谈判中，中国人一开始更倾向于谈感情、说关系，以此营造一个良好的谈判氛围；美国人则更倾向于一开始就谈产品、说价格，直截了当地进入实质性工作。

中国人的文化取向属于高语境还是低语境？

（1）中国人说"你真坏"、"你是个好人"的时候，到底是什么意思？怎么样来确定？中国人是哪种语境的文化？

（2）委婉——中国人沟通中的一个显著特点：一般不直接否定对方，喜用委婉语。

中国人常说：

"还有空间……"、"还可以做得更好……"、"你看这样行不行……"，或者迟疑、停顿、沉默……

中文中有大量反映委婉的词汇：

旁敲侧击、点到即止；

只可意会、不可言传；

锣鼓听声、说话听音；

不立文字、拈花微笑；

"说不得"与"不可说"。

（3）禅宗公案（《赵州禅师语录》）。

庭前柏树子——问："如何是祖师西来意？"师曰："庭前柏树子。"曰："和尚莫将境示人？"师曰："我不将境示人。"曰："如何是祖师西来意？"师曰："庭前柏树子。"

吃茶去——师问僧道："曾到此间么？"曰："曾到。"师曰："吃茶去。"又问僧，僧曰："不曾到。"师曰："吃茶去。"后院主问："为甚么曾到也云吃茶去，不曾到也云吃茶去？"师召院主，主应喏。师曰："吃茶去。"

（4）中国人阅读和沟通时都讲究字里行间或话外解读意义，如鲁迅《狂人日记》"读出空白的地方"。

鲁迅的原话：

我翻开历史一查，这历史没有年代，歪歪斜斜的每页上都写着"仁义道德"四个字。我横竖睡不着，仔细看了半夜，才从字缝里看出字来，满本都写着两个字"吃人"。

了解不同文化价值取向模式的差异，有助于人们更好地达成沟通目标。

小结：两种不同文化取向的特点比较

文化价值取向	表达方式	表达特点	代表性文化
高语境文化	间接表达	不重视外显性的口语信息； 重要信息常表现在时空、情况、关系等情境性线索中； 高度强调和谐，使用模棱两可的语言，偏好沉默； 不直接触及重点，避免直接说"不"。	中国 日本 英国
低语境文化	直接表达	不重视沟通的情境脉络； 重要信息常表现在外显性的口语表达； 高度重视自我表达、口语流利与辩论术； 直接陈述观点，试图说服对方接受自己的意思。	美国 加拿大 德国 瑞士

三、文化类型与思维方式：集体主义与个人主义

不同文化从表层到深层都会存在差异，跨文化交流就不仅仅是个语言的翻译问题，还需关注语言背后的文化类型和思维方式的区别。

集体主义文化与个人主义文化的研究源于跨文化管理方面的思考，文化心理学家通过调查、问卷、实验等方式，区分出了集体主义和个人主义两种文化类型。

小结：集体主义与个人主义文化之比较

文化类型	取向	特点	沟通中的表现
集体主义文化	集体取向	重视个体所在的家庭、社区等社会群体的需要和动力	表达更多是直觉式的、复杂的和根据印象进行的
个人主义文化	个人取向	重视个体的自我需求和驱力	表达则更多是直接的、明确的和个人化的

> 心理学研究：集体主义与个人主义文化倾向对传播沟通的影响
>
> 在不同类型的文化中，人们是否更接受与所处的文化类型相符的信息？
>
> 韩（Han）和沙维特（Shavitt）（1994）以美国（代表个人主义文化）和韩国（代表集体主义文化）为对象，从杂志中随机选取200个产品广告，按

照个人主义文化和集体主义文化编码。

例如：

个人主义文化编码	集体主义文化编码
个性或独立	家庭完整或群体幸福
个人竞争	对他人的关心
自我提升或自我实现	人们的相互依赖关系
强调产品的个性化特点	关注群体目标

结果发现，美国的广告中有更多个人主义的诉求，韩国的广告中有更多集体主义的诉求。

他们接着做了第二个研究。给美国和韩国的被试呈现个人主义和集体主义的广告，看他们更受哪种广告的影响。

个人主义文化的广告标题	集体主义文化的广告标题
"她有完全属于她自己的风格"	"我们有让人紧密聚集在一起的方法"
"你……只有更好"	"分享是美妙的"
"领导者中的领导者"	"祝福半个世纪的伴侣关系"
"给你一种清新口气的体验"	"分享清新口气的体验"

果然，美国的被试更容易被强调个人主义益处的广告所说服，韩国的被试更容易被强调集体主义益处的广告所说服。

小结：中西方不同文化下沟通中的差异

中国		西方	
倾向	表现（或特点）	倾向	特点
语言风格倾向间接	彬彬有礼 礼多人不怪 难入正题 （含蓄）	语言风格倾向直接	直白、浅显 粗鲁、莽撞 （夸张）
情境取向	关注对方的背景： 干什么的？ 哪个单位的？	话语取向	关注话语本身
听者倾向	善于倾听的人受到表彰 "君子讷于言"	说者倾向	重视演讲、辩论 古希腊即如此 演说家是一种职业
有意善意	说话常常是出于一番好意	无意恶意	冒犯别人往往并不是故意的
他人取向	别人怎样想	自我取向	想什么说什么
边缘策略	态度改变中的动之以情	中心策略	态度改变中的晓之以理

第三节 跨文化培训

一、历史上的跨文化培训

(1) 殖民地官员培训（人类学的起源部分就是这个原因，一些西方国家管理殖民地需要培养懂得当地文化风俗的人，人类学的研究和应用就为此服务）。

(2) 传教士培训（有人找到多年以前教会的跨文化培训手册）。

(3) 外派人员等培训（例如工程人员、跨国公司管理人员、维和部队等）。

(4) 玛格丽特·米德（Margaret Mead）在"二战"中对在英伦三岛的美国大兵进行跨文化沟通培训，她发现哪怕是讲同一种语言，也可能有文化的沟通障碍。

(5) "二战"时期中国译员训练班培训：当时西南联大举办英语译员的培训，目标是为美国来华参战的军事人员做翻译，中国著名的人类学家、民族学家、社会学家吴泽霖担任训练班的业务负责人。培训内容包括西方文化、礼仪，中国儒家思想等。

> **玛格丽特·米德小传**
>
> 玛格丽特·米德（Margaret Mead，1901—1978），女，美国人类学家。美国现代人类学成形过程中最重要的学者之一。米德23岁取得心理学硕士学位，后随著名人类学家博厄斯（Franz Boas）学习人类学，曾出版《萨摩亚人的成年人》等名著，在人类学、心理学、教育学等领域均有极大影响。

二、培训的目的、目标

培训的目的	(1) 培养文化差异意识 (2) 提升跨文化沟通能力 (3) 增强文化敏感性 (4) 促进多元化背景下的有效合作
培训的具体目标	(1) 认知方面（刻板印象、过度简化、开放心态、换位思考） (2) 情感方面（欣赏、容忍、接受差异、消除焦虑） (3) 行为方面（实际的能力、技巧，例如礼仪培训）

三、培训的方法、方式

(1) 目前培训有多种方法，如古德昆斯特和海默尔（Gudykunst & Hammer）等的四象限模型：

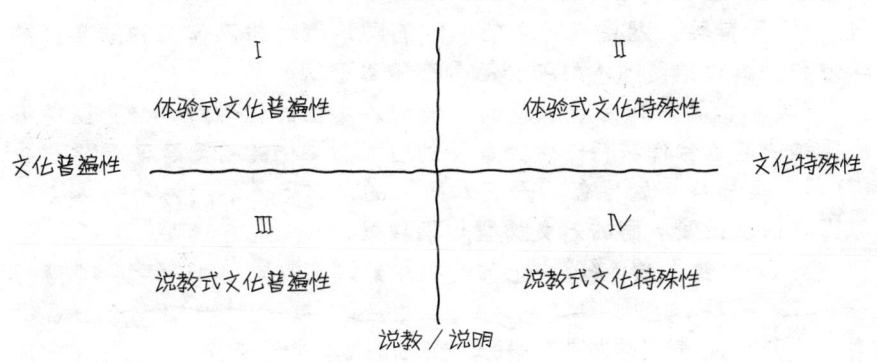

```
                    体验/发现
                        │
            Ⅰ           │           Ⅱ
                        │
     体验式文化普遍性    │    体验式文化特殊性
                        │
文化普遍性 ─────────────┼───────────── 文化特殊性
                        │
            Ⅲ           │           Ⅳ
                        │
     说教式文化普遍性    │    说教式文化特殊性
                        │
                    说教/说明
```

① 体验式文化普遍性培训强调让参与者体验到自己的文化定型（刻板印象）和社会态度影响自己的行为；
② 体验式文化特殊性培训常用来解决现实中存在的跨文化冲突；
③ 说教式文化普遍性培训主要采用传统的讲授方式；
④ 说教式文化特殊性培训最常见的是语言培训。

(2) 四种具体培训方式：

> 教学模式（针对特殊文化）
> 模仿模式（以学生为中心）
> 理解模式（体察文化通则）
> 互动模式（在互动中领会）

培训的方法也会有问题，如：
可能引起新的刻板印象；
可能产生畏惧心理（如礼仪培训之繁文缛节）；
由于效果测量无指标，所以难以判断培训的效果。
怎么办？

> 钟老师观点：自然就好。中国人不太喜欢"伪"，"伪"就是不自然。文化是人创造的，但最终是为人服务的，这才是根本。

第四节 跨文化沟通的基本原则

跨文化沟通交流的最终目的，是要寻求人类未来共同发展的道路。
跨文化的情境下，应该采取什么样的姿态，才能实现有效的传播和沟通呢？
基本原则："各美其美，美人之美，美美与共，天下大同"（费孝通）

费孝通先生对16字诀的解释：

(1)"各美其美"就是不同文化中的不同人群对自己传统的欣赏。这是处于分散、孤立状态的人群所必然具有的心理状态。

(2)"美人之美"就是要求我们了解别人文化的优势和美感。这是不同人群接触中要求合作共存时必须具备的对不同文化的相互态度。

(3)"美美与共"就是在"天下大同"的世界里，不同人群在人文价值上取得共识以促使不同的人文类型和平共处。

(费孝通：《跨文化的席米纳》，《读书》，1997年第10期。)

钟老师大课堂：跨文化沟通的基本观念

跨文化交流在今天的世界上已经是不可抵挡的时代潮流，不管愿不愿意，每一种文化、每一个人群，都会与其他的文化和人群打交道。著名社会学家费孝通先生有16个字的概括（这是他在1990年日本东京"东亚社会研究国际讨论会"上发言时首先发布的）。老师认为这段文字可以作为跨文化沟通的基本准则。

老师认为，天下大同并不是世界上所有的文化都变得整齐划一，而只是各民族各地区的人们在认识上达成了一致，这种一致表现为能容忍不同人文价值的存在并进而能欣赏不同的人文价值。

人类学关于人类食物获取方式的研究表明，畜牧业和集约农业虽然在效率上超过了狩猎—采集和初级农业，但发生食物短缺的情形也超过了后者，其原因，很可能是畜牧业和集约农业在食物获取上过分依赖单一的品种，单一性的结果很可能是降低生存的能力。

人类今天所处的时代，已告别了封闭与隔绝，人群之间文化之间的接触已是不可避免的大趋势。所谓的"美美与共"境界，是要通过各个文化的相互接触、对话有时甚至是相互争论、斗争才能达到的（如人权问题）。

<u>文化多样性的意义并不仅仅是简单地让各个人群各种文化和平地并存，而是要结合可持续发展的思想，积极促进人群间文化间的交流与沟通，充分调动人类的总体智慧资源来应付人类面临的生存问题。</u>

坚持文化的多样性，就是承认每一种文化都具有自己特殊的智慧、独到的适应策略和别具匠心的解决问题的能力。有一句著名的广告词说："让我们做得更好！"（Let's make things better）在现实生活中，若能有效地利用文化的多样性，何愁人类不能做得更好？人类已经意识到了威胁着自己的是什么。

具有自我反省的意识，能够积极地交流与沟通共同寻求解决之道，正是<u>人类高明于其他所有物种的地方。</u>

（1）问：根据霍尔（E. Hall）和安德森（P. Andersen）关于触摸的文化的研究，中国曾被归入非接触文化，是这样吗？

答：中国确实不像西方文化那样主张接触和拥抱，但日常生活中的其他行为中呢？如夸别人衣服好时习惯性地触摸别人的衣服、夸别人家孩子漂亮的时候动手摸脸蛋等。那么中国人到底是哪种文化呢？恐怕不能简单地说。

（2）问：跨文化培训过程中为什么要讲本族文化？

答："对他而自觉为我"。同时进行西方文化和中国文化的培训，目的在于增强对文化敏感性。这种敏感性其实是双方的，既有对他文化的敏感，也有对本族文化的敏感。

跨文化培训，要让人达到"知己知彼"的目标。

基督教跨文化传教要考虑各地文化的传统。

例如在中国的传教："耶稣加孔子"？

还有佛教的本土化：融入中国传统的老庄孔孟思想的禅宗在中国影响更大。

课后思考题：

根据霍夫斯泰德对文化权力距离的分析看，中国倾向于高权力距离还是低权力距离？为什么？

推荐阅读：

[美] 爱德华·霍尔著、何道宽译：《超越文化》，北京大学出版社；

[荷] 霍夫斯泰德著、孙建敏等译：《文化与组织》，中国人民大学出版社；

[美] 拉里·A. 萨默瓦著、闵惠泉译：《跨文化传播》，中国人民大学出版社。

第十讲 从自我到文化

本讲内容提要
传播类别的视角
自我：兴趣的中心点
人际：动机与行为
群体：极化和去个体化
大众：镜头偏差
文化：归因风格及面子

在前面各讲对传播心理学进行较全面分析的基础上，本讲结合一个实例展示如何从各个传播类型的角度对传播现象进行传播心理学的分析。

第一节 传播类别的视角

一、本课程采用的传播类别

对传播的分类，用了两种。
第一种：
言语传播与非言语传播
第二种：
自我传播
人际传播
组织传播
大众传播
文化传播

第一种是平行的，要么是言语，要么是非言语；第二种却可相互包含，例如人际传播中也有自我传播。这可以看做不同层次水平。分析传播心理现象，不同层次水平都应观照。

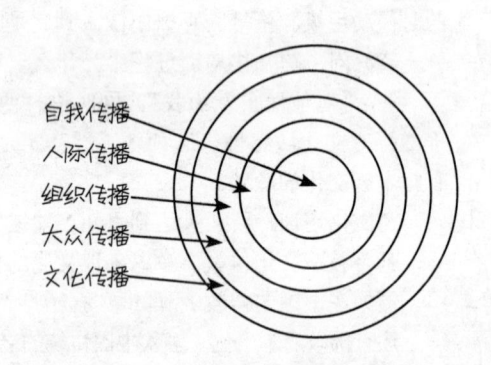

钟老师结合"范跑跑"事件讲解不同水平的分析如何帮助对问题的全面理解。

案例:"范跑跑"事件

2008年5月12日,我国四川汶川发生8.0级大地震,人员及财产损失十分严重,一时举世震惊。面对巨大的地震灾害,中国人民在党和政府的领导下,积极行动起来,投入到抗震救灾的战斗中。这场行动,引起了全世界的关注。在行动中,发生了许多感人肺腑的温情故事,也涌现出许多可歌可泣的英雄人物。不过,在地震中却有一个不是因为抢险救人而闻名、倒是由于撇下学生独自逃生而蹿红的人物,他就是范美忠。

范美忠,1997年毕业于北京大学历史系,然后到自贡蜀光中学当教师。不久,他因课堂言论辞职,后辗转深圳、广州、重庆、北京、杭州、成都从事媒体、教师行业,曾在《中国经济时报》、《南方体育》等媒体任编辑,发表过"追寻有意义的教育"、"'过客':行走反抗虚无"、"'风筝':灵魂的罪感与忏悔意识"、"用观念打败观念——读'哈耶克传'",在天涯BBS、新浪读书论坛、第一线教育论坛等处都可以搜索到范美忠的文章。地震发生时,范美忠任职于四川都江堰光亚学校。

范美忠成为新闻人物,出了大名,主要不是由于他毕业于北大,而是因为在这次大地震中,他不是像其他老师那样带着学生往外跑,而是自己一溜烟弃学生不顾,第一个跑到学校的操场上。因此,这位"跑得比兔子还快"的都江堰教师,被网友们称为"范跑跑"。更大的争议发生在范美忠自己发帖"揭短"之后。5月22日,范美忠在天涯论坛写下"那一刻地动山摇——'5·12'汶川地震亲历记"一文,表示自己"是一个追求自由和公正的人,却不是先人后己勇于牺牲自我的人!在这种生死抉择的瞬间,只有为了我的女儿我才可能考虑牺牲自我。"

不久以后,范美忠又发表了一篇"我为什么写'那一刻地动山摇'",说"你有救助别人的义务,但你没有冒着极大生命危险救助的义务,如果别人这么做了,是他的自愿选择,无所谓高尚!如果你没有这么做,也是你的自由,你没有错!先人后己和牺牲是一种选择,但不是美德!从利害权衡来看,跑出去一个是一个!"

就此,网友展开了激烈交锋,不少网友质疑范美忠先跑掉不但没有尽到教师的职责,而且还"没有丝毫的道德负疚感",实在过分。但也有网友认为不应对他过于苛刻:毕竟老师也是普通人,遇到危险保护自己是人的本能,而且,范美忠能在网上公开自己的所做所想,至少说明他是个诚实的人,勇于直面自己的人。

除了网络之外,报刊、电视、广播等传统大众媒体纷纷跟进,形成强大的社会舆论,推动相关政府部门作出反应。这种反应进一步引发现实的种种讨论,媒体及时反映并策划组织相关的讨论,由此引起更大的社会关注,"范跑跑"事件遂由一生活事件演化为媒体事件。

钟老师说,"范跑跑"事件的讨论,讲道理的多,讲情感的也多,但讲科学的不多。对于"范跑跑"事件,媒体上的评论已如恒河沙数,难以计量。不过,其中绝大多数的讨论,都是基于道德伦理的角度,心理学的讨论并不多,更罕见传播心理学视角的考察。传播心理学无论对于心理学还是传播学都是一个新的学科,甚至对它能否成立现在都还有不同意见。因此传播心理学目前理论讨论多,例如对象、任务、意义、存在理由等,对实际问题的分析还嫌不够。

心理学的关切点是人,那么传播心理学就是以人为枢纽、为核心,来考察自我、他人、传播、互动、符号、表征乃至文明、历史、族群等关键概念。

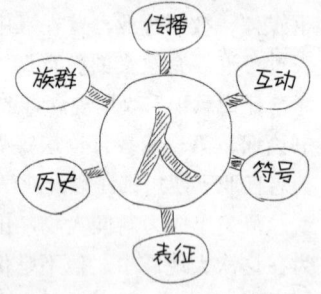

对"范跑跑"事件考察,可以结合传播类型来深化。从以人为本、以人类活动为转移的角度划分传播类型,可以包括自我传播、人际传播、群体或组织传播、大众传播和文化传播,不同的传播类别,提示的是对问题的不同切入角度。

二、心理学对传播类别的研究

近年来自我心理学、人际关系心理学、社会心理学、组织行为学、认知心理学、文化心理学等均有较大发展,上述各种传播类型不难从中获得理论、概念、方法上的帮助。

(一) 自我传播 (self communication)

很多时候也叫内向传播 (intrapersonal communication),即人的自我信息沟通,指个体接受外部信息并在人体内进行信息处理的过程。

自我传播是人类最基本的传播活动,是其他各种传播活动的基础,因为人类社会就是由一个个人类个体构成的。自我传播的主要形式,就是心理学中所说的感觉、知觉、记忆、学习、思维和语言、想象等内容。这种传播虽然表现为个体的生理机制和心理机制,但由于个体在信息的输入和输出两端都与外部世界保持着连接,因此依然带有社会性的特点。

（二）人际传播（interpersonal communication）
即个体与个体在互动中开展的信息交流活动。

人是社会性的动物，每一个人类个体如果排除极端的情形都会与他人打交道，所以人际传播是一种最典型的社会传播活动，也是人与人之间社会关系的直接体现。人际传播的主要功能是从他人那里获得信息，满足人们基于人的社会性的精神和心理需求（例如情感沟通），并实现自我认知和相互认知。从社会的角度看，人际传播的意义则在于建立形形色色的人际关系。人际传播双向性强、反馈及时、互动度高，收发信息的渠道多且灵活，起码可以从言语的和非言语的两方面进行考察。

（三）群体或组织传播（group or organizational communication）
即人们在群体或组织中进行的信息传播活动。

人际传播扩大后就难免面对群体传播或组织传播的问题。人类是集群性动物，若干个体聚集到一起会组成群体，群体内必然会有传播，传播也正是群体组成的基础。组织是群体的一类，从结构上看它是偏于严密和正式的群体。组织中的个体有自己特定的角色和位置，这里有权力，有领导者和被领导者，有阶序，有分工，有责任。组织传播有对内的，也有对外的，对内旨在沟通组织内部各种垂直的和平行的关系，对外则在建立和发展组织与公众或其他组织之间的联系。

（四）大众传播（mass communication）

通常说的是专业化的媒介机构运用先进的传播技术和产业化手段向社会上一般大众展开的大规模信息传播活动。在新闻传播领域谈大众传播，主要关注的是媒介、信息、专门化机构等。

大众传播的英文原本是mass communication，mass有群众的含义，这更切合此处的旨趣。

还是从人的立场看，大众传播较之组织传播是公开面对更大范围人群的，而且这人群不是那种严密的、正式的群体。当然，上升到社会层面，大众传播的制度化特性还是十分明显的，因此，在这个意义上人们便谈论着它监测环境、联络社会、传递文化、提供娱乐的诸般功能。

（五）文化传播（cultural communication）
即在文化背景下人们之间的交流，有时候，信息的发送者和信息的接收者来自不同的文化，信息的流通要跨越文化的边界。

文化是人类独有的创造物，须臾难离，如影随形，从这层意义上说，所有人类传播都是文化传播。只不过关系太密反而不常被人意识到，就像空气和水。而在号称地球村、全球化时代的今天，跨文化交流日益活跃、凸显和引人注目，再也没有哪一种文化可以自隐于山重水复的桃花源中。

文化传播涉及话题甚多，例如文化自觉、文化价值观、民族性、对文化多样性的尊重、克服民族自我中心、培养跨文化沟通的能力等。

本讲中以"范跑跑"事件为例，分析从自我到文化这个核心问题时，就是从这些类别视角展开的。

小结

钟老师说：从自我到文化，我们试图对事件当事人的相关心理与行为能给出初步解释，同时对围绕事件发生的若干传播活动做出些许心理学分析，也希冀透过种种侧面，增加一点儿对该事件反映出的国民心态的了解。

第二节 自我：兴趣的中心点

我们在自己寻找原因的地方找到了原因。——迈尔斯（D.Myers）

对自我的心理学研究证明了先哲的一个看法，人们常常是以自我为中心的。

人们的自我概念（self-concept）会影响到自己的知觉、判断和行为方式。

研究也发现人们是有自利倾向的，在行为处事的时候会选取对自己有利的方式立场，在解释事物原因的时候也是如此，这就是自利归因偏差（self-serving attributional bias）。

> 案例分析：从"范跑跑"事件看自利归因偏差
>
> "范跑跑"事件的主角范美忠充分地表现了自利归因偏差。在他的文章中，他毫不讳言自己是一个极度关心自我的人：
>
> "我从来不是一个勇于献身的人，只关心自己的生命，你们不知道吗？"
>
> "我是一个追求自由和公正的人，却不是先人后己勇于牺牲自我的人！"
>
> 在一篇对范美忠的报道中，也提到他这种自我中心的倾向：
>
> "但在朋友间，范的性情使人抵触。'他很少顾忌他人的感受。他沉浸在自己的精神世界里，以自己为中心，凡是有利于他思考的就喜欢，反之就极端排斥，而且缺乏和人沟通的耐心。'"
>
> 再按照自利的分析，这样极度关心自我的人应该不会将自己置于不利的位置。他自己也表示，对于行为的后果有考虑，知道会得罪人："我知道，我说了这句话，挑战了中国传统的道德观，犯了众忌，招来一片骂声，也是在

我意料之中的。"另一篇报道也提及"他说自己的言论是故意挑逗那些譬如孝文化背景下本能的心理"。

所以，他是有思想准备的，他这样做，应该有其他的考虑。

凤凰卫视的相关节目证明了这一点。范美忠的言行引起人们争议后不久，凤凰卫视"一虎一席谈"节目请范美忠参与了一次现场辩论。这大概是范美忠首次在荧屏亮相，节目还造就了另一个媒体名人"郭跳跳"，产生了某些戏剧化的效果。后来被网民称为"郭跳跳"的郭松民与范美忠一样，都是很自我中心的人，这从他们的发言内容和发言方式不难看出。

分析：上述两个很自我的人的交锋，亦即人们所说的"范跑跑 PK 郭跳跳"，在很大程度上并没有达到交锋（沟通）的效果，他们基本上是自说自话，或者是自身的行为展演。他们很像表演家，不是在与对方辩论，而是向在场的观众以及电视机前的更多的观众表演。

大众对于"范跑跑"事件，有着越来越分歧的说法，甚至衍生出许多不同的派别，相互攻讦。此种现象，依然可以从自我心理学的角度解释。我们每个人对事物的解释，常常都是在自己最感兴趣的方面做出的。

人际沟通中倾听的障碍举例

在人际沟通中，倾听往往比表达更重要，可惜倾听有太多的障碍。比如：对比、猜测、演练、过滤、先入为主、心不在焉、自居、好为人师、争辩、刚愎自用、转移话题、息事宁人等等。

小结

人们所辩护的，是自己认同、赞成的事情；人们所反对的，则是自己痛恨、排斥的事情。不同的人所感兴趣的方面可能不同，不同的人寻找原因的地点也可能存在差异。解释的多样化，反映的正是自我概念、自我意识的多样化。

第三节 人际：动机与行为

案例分析："范跑跑"是一个讲真话的人吗？

"范跑跑"事件中有一个争议的焦点，那就是范美忠是不是一个讲真话的人？不少人认为范美忠能在网上公开自己的所做所想，至少说明他是个诚实的人。在凤凰卫视的节目中，胡一虎也称范美忠为讲真话的人。

心理学的知识难以证明这一点，倒可能有一些相反的证据。例如有网友指出在凤凰卫视的节目中范美忠的两腿一直在抖动，这种非言语信息使其言语的真实性受到怀疑。

已有人著文从逻辑上推断范美忠的不诚实，还可以从心理学的思维方式来看这个问题（不是下断语）。

心理学研究发现，人们常用对应推论的方法，从言行来推测人格。但言行的真实目的本来就难以说清，于是有人提出社会期待相符说，假定人们通常都会表现出符合社会期待的言行，但这类言行我们不知道真假，倒是不符合社会期待的言行可能是真的。范美忠在自己文章中讲的话是不符合社会期待的，所以可能是真的，不少人就据此认为范美忠是真实的，当然是真小人。但问题是社会期待相符说只说了这种情况下人的言行可能为真，请注意"可能"二字，并不是必然。

正是在这个问题上，心理学的思维方式与普通人发生了偏移。普通人常把概率、可能性当做必然。心理学家发现动机与行为的关系是十分复杂的，绝非一一对应那么简单。

简化一下问题，就以"君子"、"小人"作比：人们相信了表现出小人言行的范美忠是"真小人"，表现出君子言行的郭松民是"伪君子"。这种确认，对吗？根据言行表现进行判断的可能性：

言行表现	判断
小人言行	也可能是"假小人"（玩世不恭、愤世嫉俗的君子就会这样表现）
君子言行	"伪君子"吗？为什么不能是"真君子"呢？
非君子非小人言行	更复杂，更多可能性，更难判断

从披露出来的信息看，范美忠有自己的语言策略，他提到自己特立独行的性格，也承认一些关键话语是事后添加的。如：

"我知道别人期待我进行忏悔。我性格就是这样的，你期待我做的，我偏不做，我还要反着做。"

分析：这就是说，他的言行，很可能正好与常识中的社会期待相符说相反。

"其实当时我并没有对学生说'我是一个追求自由和公正的人，却不是先人后己勇于牺牲自我的人！在这种生死抉择的瞬间，只有为了我的女儿我才可能考虑牺牲自我，其他的人，哪怕是我的母亲，在这种情况下我也不会管的。因为成年人我抱不动，间不容发之际逃出一个是一个，如果过于危险，我跟你们一起死亡没有意义；如果没有危险，我不管你们你们也没有危险，何况你们是十七、十八岁的人了！我也绝不会是勇斗持刀歹徒的人！'这段话（即使说了，我也不认为这么说有什么不对，这更多的是对利害关系的理性考量），而只是说了上面'我从来不是一个勇于献身的人，只关心自己的生命，你们不知道吗？上次半夜火灾的时候我也逃得很快！'这句话。"

那么，范美忠到底是说的真话还是假话？这个问题目前还难以回答，但可以确定的是，他的言行表明他是在合理化。

从认知失调理论看范跑跑的言行

费斯廷格（L.Festinger）提出了认知失调理论（cognitive dissonance theory），讲的是人们在自己的认知与行为发生不一致的情形下，会有不舒服的感觉，解决办法就是去改变认知或行为的一方，使失调的变得协调起来。

范美忠有没有认知的失调呢？虽然他一直强调自己认识的一贯性并表示"没有丝毫的道德负疚感"，但我们从他有限的文字叙述里面还是可以发现一些失调的蛛丝马迹。

他在面对学生质疑讲了一通自我以后还是写道:"话虽如此说,之后我却问自己:'我为什么不组织学生撤离就跑了?'"

而在一次记者采访中,"范美忠得知光亚学校的校长并没有炒掉他的打算。这个过去不断在学校里被领导赶跑的人,开始对记者断断续续地描述了一些自己的反思。'我想,是不是我对学生们的爱不够。不仅仅是这次事件,也包括平时。或许,我应该对他们有更多的爱吧?'"

<u>按照费斯廷格的理论,失调了就要改变认知或行为的某一方,可在范美忠那里,行为已经发生,成为了历史,最可行的方法就是去改变认知,使之与行为协调起来。</u>

费斯廷格认知失调的实验好像在范美忠这里重现了!

第四节 群体:极化和去个体化

心理学很早就关心群体行为现象,曾有群众心理学这样的分支,前面介绍过的《乌合之众》就是专门研究集合行为这一特殊的群体中的心理现象的杰作。

群体心理确实有一些不同于个体心理的地方。

有研究发现,<u>群体讨论倾向于使群体成员的最初的观点得到加强,于是心理学家提出了群体极化(group polarization)的概念,指的是群体中人们的讨论可以强化群体成员的平均倾向。</u>

案例分析：范跑跑事件中的群体极化现象

在凤凰卫视的节目"一虎一席谈"中，郭松民与范美忠辩论时使用了一些非理性的谩骂，上场伊始就气势汹汹逼人，频繁吐出"无耻"、"畜牲"、"杂种"等字眼。

心理学研究表明，人在群体情境下，或者换句话说有他人在场的时候，行为表现会与平常有所不同。

在"范跑跑"事件中，也可以看到群体极化现象。人们最初的观点会得到加强，微弱的意见会被放大，情绪亦会扩散和感染。

（插图：自私、猥琐、虚伪、无耻！等评价声围绕着范美忠的漫画形象）

- 败类，傻瓜，没良心，没道德，不是人，是小人！
- 做错事并不可怕，可怕的是连承认错误的勇气都没有，范美忠就是属于这种人！
- 人是可以貌相的，看范那猥琐的模样，德行也就如此吧！
- 范跑跑，你不配做人，更不用说做教师了！
- 作为一个教师连点起码的教师操守都没有谈什么教学育人，谈什么为人师表！

下面是网络上对范美忠一些负面评价（表述和标点都没有改动，有些地方没有标点，也保持了原貌）。

"现在真小人吃香啊，说实话我鄙视他，不是他先跑，而是他在那里为自己先跑辩护。作为一个教师连点起码的教师操守都没有谈什么教学育人，谈什么为人师表。"

"我也怕地震，也怕死，但是我是个人，更怕社会道德的谴责。中国有句俗话：人活脸，树活皮。就算你狡辩让那些所谓的自由斗士支持你，但是广大的社会群众依然看不起你，连带看不起你的家人。"

"在那种情况下，也许我也会先跑，因为我从未遇到过类似的事情，但我知道，不管我是什么身份、什么职业，抛下身边的人自己一溜烟跑了之后，再回来我会脸红，无法正视别人的眼睛，我会觉得很窝囊。"

"做错事并不可怕，可怕的是连承认错误的勇气都没有，范美忠就是属于这种人。"

"还北大毕业，简直没文化，什么是文化？文化就是一种民族精神和道德价值，像这种本能反应与低等动物无异，能称得上文化人吗？太可怜了，是中国式教育的悲哀啊！"

"范跑跑，你不配做人，更不用说做教师了！"

"虚伪、猥亵、自私、无耻！"

"好丑的人啊，内外如是！"

"人是可以貌相的，看范那猥亵的模样，德行也就如此吧。"

"败类，傻瓜，没良心，没道德，不是人，是小人。"

"这个人性泯灭的家伙！书都读到狗肚子里去了！在它的精神世界里不知什么才算美好的和丑恶的东西！"

"范跑跑这样的人，只配拖出去喂鸟！！！"

"不就是想出名吗？期待你成为第一个因为地震被杀的人。"

"姓范的你这个垃圾社会的败类我希望此刻你在看我的回复对你说的很对可能有很多人在那种情况下都会选择逃跑这点是你的自由我们无权干涉但是你后来说连你的母亲都不会营救就说明你是一个十足恶心的垃圾玩意了你想过没有当时她听到你说这些话的时候会多么伤心尽管你的母亲私下里听了你的解释可能会理解你毕竟你是他们的儿子可是你说的这番话会让天下多少个母亲寒心啊最后说一句北大怎么培养出了你这个垃圾！！去死吧你！！你死了我第一个放鞭炮！！！！你现在还有勇气活着本身就说明你是一个多么厚颜无耻的人！！！！！"

<u>分析：这里可以真切感受到群体极化的表现。我们最初批评一个人，可能会说"太不像话"，接着就有人说"何止不像话，简直就是无耻"，再往后就可能说"小人"、"不是人"、"畜牲"、"垃圾"，最后会说"去死吧"、"大耳刮抽死他"、"打死都不解恨"。群体极化产生的原因，是在某些群体情境中，人们更可能抛弃社会文化的道德约束，甚至忘记了自己的身份，而顺从于群体的行为倾向。也就是说，这时候的个体丧失了自我觉知的能力，变得去个体化（deindividuated）了。其中，高水平的社会唤起、较大的群体规模、个人身体的匿名性等都是影响因素，在网络情境下，这种趋向更为明显。</u>

第五节　大众：镜头偏差

社会心理学关于镜头偏差（the camera perspective bias）的研究

在一些心理学实验中，要求人们观看警察审讯过程中犯罪嫌疑人认罪的录像：

镜头位置	判断倾向
从聚焦在犯罪嫌疑人身上的摄像机的角度观看认罪过程。	人们会认为犯罪嫌疑人的认罪是真诚的。
从聚焦在审讯员身上的摄像机的角度观看认罪过程。	人们会认为犯罪嫌疑人是被迫认罪的。

在法庭上，大部分的录像都是聚焦在犯罪嫌疑人身上的，将这样的录像带播放给陪审团，几乎造成百分之百的宣判有罪。

案例分析：大众传播的议程设置、镜头偏差对"范跑跑"事件的影响

"范跑跑"事件本来就是个大众传播事件，大众传播心理学可以在此多有发现。

还是以凤凰卫视的节目为例，这是媒体策划的事件，是一种议程设置。但这种策划对一般受众会产生颇大的心理影响。比如，对"范跑跑"事件的看法，最初的意见大致相同，以批评谴责为多。而范美忠在凤凰卫视这样的知名电视台露面，会让许多人觉得媒体是在肯定他、宣传他，因为中国的普通民众，还是会把上电视当做一种荣耀。这正是中国人看重的"露脸"。"一虎一席谈"在对阵双方的安排上，论辩者人数相当，给人势均力敌的感觉，又让人觉得范美忠也是支持者众的。主持人胡一虎的评价更是相当重要，他三番五次说范美忠是一个诚实的人，电视机前的观众会认为这是一个权威的

评判。

"范跑跑"事件还可以从镜头偏差的概念去讨论。

事件的一开始，媒体聚焦在范美忠的言行上，大众看到的是范美忠这个个体。因此，范美忠的一言一行，大家都感觉到应该由他自己负责。也就是说，人们认为他就是这样一个人，也只有这样的人会表现出这样的言行。

但是，在电视辩论中，摄像机的镜头不是仅仅聚焦在范美忠一个人身上，观众看到了其他人，看到了场景。总体来说，这时的范美忠是被动的、弱小的、挨批的，再加上站在范美忠这边嘉宾的提示，大众似乎感觉到范美忠身上的压力，一些人开始对范美忠产生理解和同情。

凤凰卫视的节目播出后，舆论对于范美忠的态度出现了微妙的变化，其中的一部分奥秘是可以用镜头偏差概念来解释的。

第六节 文化：归因风格及面子

一、文化与归因研究

莫里斯和彭凯平（Morris & Kaiping Peng）在"文化与原因"的标题下对不同文化中人们的归因风格做了系统的研究，其研究结果表明：

不同文化	归因风格
西方人（如美国人）	强调或倾向于从个人的心理品质来解释社会事件的发生，即多作内部归因。这是个人主义文化的归因方式。
亚洲人（如中国人）	强调或倾向于从环境的角度来解释社会事件的发生，即多作外部归因。这是集体主义文化的归因方式。

也就是说，人们对事件的归因模式随文化不同而变化。他们把心理学的以及人类学的关于归因方式的观点综合起来，提出了"文化差别的内隐推测设想"（culture difference in implicit theories），即文化的差别以内隐的方式制约着人们对行为信息所进行的编码与表征，因此文化的差别不仅可以表现在言语的报告上，而且可以表现在归因知觉水平上。

案例分析：从文化归因的差异看"范跑跑"事件

归因是最基本的人类行为之一，不同文化中人们归因风格的差异让我们了解到中国人谅解范美忠的可能原因。

实际情形正是这样，原谅范美忠的人们最常提到的理由就是在那样的大地震面前，他有那样的行为不足为奇。中国人不仅善同情，还具有同理心（empathy），所以在思考"范跑跑"事件时还会扪心自问：我在那种情形下能保证不跑吗？凤凰卫视"一虎一席谈"节目中那位到过抗震救灾前线的心理咨询师也正是依此类设问让在座大多数来宾缄口无言的。有意思的是，范美忠对此并不领情，他在自己的文章中表示，自己的"跑"不是因为外在的情境，而是"内在的自我"在起作用。

难道中国人的归因倾向在范美忠那里不起作用？

还有社会心理学里面的自利偏差、观察者和行动者差异等规律也都与范美忠无缘？

从范美忠文章的标题中，可以寻到一些答案，文章的醒目标题是："那一刻地动山摇"。

在面对记者采访时他也表示："我想说，很多网友并不能真正理解我，他们用自我的道德观念来要求我，他们希望别人做得更好，殊不知，在当时那种情况下，他们可能会跟我一样。"所以，他还是站在自己的角度选择了自利归因，他还是看到了外在情境的力量。

二、心理学关于"面子"的研究

早在一百多年前，美国传教士明恩溥（A. Smith）写作《中国人气质》，第一条就是讲面子。

近百年来的中国人如鲁迅等也在好多场合评论过中国人的面子。

在心理学领域对此问题最先作深入探讨的是台湾的黄光国先生，他的主要研究成果集中在《面子——中国人的权力游戏》一书中。该书详述了中国人对面子的热衷以及在社会生活领域对面子的种种娴熟运用。

案例分析：从中国人的面子观看"范跑跑"事件

从文化视野检视"范跑跑"事件，心理学对中国人面子的研究也是一个值得关注的视角。在"范跑跑"事件中，范美忠关于地震来时"只救女儿、不救母亲"的言论惹得国人震怒。中国人对于母亲的爱是一种伦理道德底线，也可以说是一种母亲文化，范美忠自然知道这一点，所以他对后果也有所预期。

看一段他与记者的对话。

"长江商报：为什么在文章里，要说明'只救女儿，不救母亲'，网友都认为你是个不孝子。"

"范：母亲和女儿很难从情感上分别谁更重要，只是女儿只有一岁，救起来成功性更大。我举这个例子，只是要说明在生死抉择面前个人生命的重要性，并不是说我不爱母亲。我知道，我说了这句话，挑战了中国传统的道德观，犯了众忌，招来一片骂声，也是在我意料之中的。"

分析：老师强调指出，<u>文化可分为两种，一是做的文化，一是说的文化。讲面子的中国人在很多时候甚至更看重说的文化</u>。对"范跑跑"事件，许多人表示"跑"可以理解，但那样"说"就不应该了。或许有人会问：<u>做都做了，还不能说说吗？错了，在中国文化语境下，有些事情你可以做，但却万万不能说</u>。

第十一讲 传播心理学的回顾与展望

本讲内容提要
中国传播心理学的发展历程
对传播心理学发展的期望：学科的自觉

第一节 中国传播心理学的发展历程

	时间	成果	问题
	传播心理学在中国大陆的研究大概有30多年的历史。	积累了一批有价值的著作和论文；开拓出一片丰富多彩的研究领地；举行了多次以此为专题的研讨会。	对学科的一些根本性的问题反思不够。
备注	参阅：《刘京林自选集——新闻心理 传播心理研究》（北京广播学院出版社，2004年）	这与社会现实的发展有关，也与传播学、心理学等学科的快速进程相呼应，更离不开该领域研究者的辛勤工作。	即"学科自觉"的问题关注不够。

一、中国传播心理学研究的历史

若以每十年为单位，大致可以划分为三个阶段。

（一）20世纪80年代：以新闻中的心理现象为关注对象的研究

> 代表作品举例：《新闻心理学》、《新闻与心理学》、《新闻心理学漫谈》、《新闻读者心理学导论》、《新闻心理学发凡》、《新闻心理学刍议》、《采访心理学》等。

（二）20世纪90年代：从传播心理学立场展开的较为宏观的研究

> 代表作品举例：刘京林：《大众传播心理学——从现代心理学视角看大众传播》，刘晓红、卜卫：《大众传播心理研究》，黄鸣奋：《传播心理学》，韩向前：《传播心理学》。

（三）进入21世纪以来：从传播心理学立场出发对具体问题更为深入细致的研究

> 相关论文举例："三鹿奶粉事件中《人民日报》的倾向性与受众分析"、"从自我到文化：'范跑跑'事件的传播心理学透视"、"'人肉搜索'现象的社会心理学叹息"、"北京奥运营销活动中的爱国情感因素分析"、"网络游戏与儿童成长"
>
> 传播心理学界编有三本论文集，可反映传播心理学在中国的一些阶段性成果。
> ①《新闻心理学论文集》（1996年）；
> ②《传播·媒介与心理》（1999年）；
> ③《发展·融合与传播心理》（2011年）。

二、人员培养、学科组织等

中国传播心理学的发展中，中国传媒大学（原北京广播学院）传播心理学研究所的研究工作较为集中，已培养出一批传播心理学的博士、硕士，其相关博士硕士论文也正在陆续出版。以该所为挂靠单位成立的中国社会心理学会传播心理学专业委员会是最主要的传播心理学学术团体。

> 中国传播心理学大事记
> 2000年，中国传媒大学传播心理研究所成立。
> 2001年，中国社会心理学会传播心理学专业委员会成立。
> 2006年，中国人民大学传播心理实验工作室成立。

三、教学

目前开设传播心理学、新闻心理学、广告心理学等课程的高校：

复旦大学、中国人民大学、中国传媒大学、北京大学、武汉大学、华中科技大学、中国青年政治学院、南京大学、厦门大学、四川大学、广西大学、山东大学、天津师范大学等。

第二节 对传播心理学发展的期望：学科的自觉

一、学科自觉的意义与表现

1. 学科自觉的意义

对学科的反省是学科自觉的标志，而学科的自觉是一门学科成熟与否的分水岭。

> 费孝通先生关于"文化自觉"的观点
>
> 学科自觉是套用费孝通先生"文化自觉"的说法。费孝通在晚年提出过"文化自觉"的思想，用来说明一个国家、一个民族对自己文化、自己历史的自觉意识。
>
> "这四个字也许正表达了当前思想界对经济全球化的反应，是世界各地多种文化接触中引起人类心态的迫切要求，要求知道：我们为什么这样生活？这样生活有什么意义？这样生活会为我们带来什么结果？也就是说人类发展到现在已开始要知道我们的文化是哪里来的？怎样形成的？它的实质是什么？它将把人类带到哪里去？这些冒出来的文化不就是要求文化自觉吗？"
>
> （费孝通：《反思·对话·文化自觉》，载马戎、周星主编：《田野工作与文化自觉》，群言出版社，1998年，第47-48页。）

如果说文化自觉是国家、民族成熟的表现，则学科自觉就是一门学科成熟的表现。

2. 学科自觉的表现

学科自觉表现为对学科的主动反省。

传播心理学自觉性反思涉及诸多方面，如：

为什么要研究传播心理学？

传播心理学有什么意义？

传播心理学会为我们带来什么结果？

这样的反思不是对传播心理学学科发展的展望、预测，而是把传播心理学作为一门学科来看待，即一门成熟的传播心理学应该具备这样一些特质：
- 立足本土
- 直面应用
- 方法多元
- 学科开放

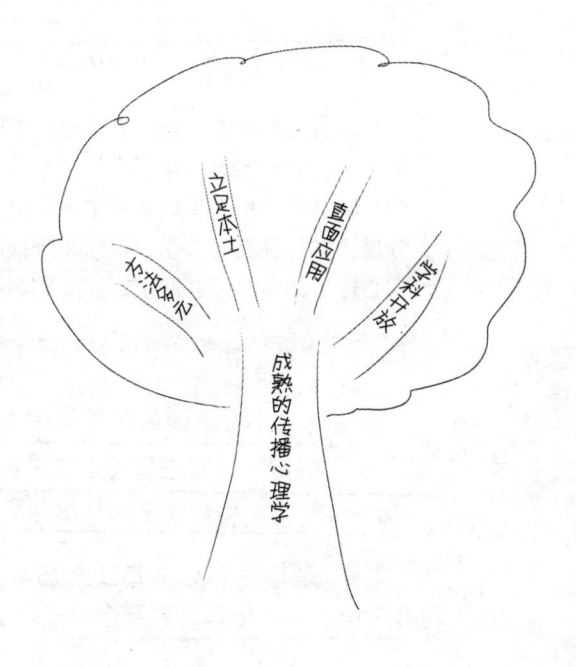

二、学科自觉：对传播心理学发展的期望

（一）立足本土

1. 心理学为什么要中国化？

> **名家观点**
>
> （1）杨国枢的观点
>
> 杨国枢认为台湾在第二次世界大战以后向美国一边倒的情形，影响到台湾的心理学在很多年里只是美国心理学的附庸，缺乏应有的自主性与独特性。他与文崇一在1982年出版的《社会及行为科学研究的中国化》一书中谈道：
>
> "我们所探讨的对象虽是中国社会与中国社会的中国人，所采用的理论与方法却几乎全是西方的或西方式的。在日常生活中，我们是中国人；在从事研究工作时，我们却变成了西方人。"
>
> （2）费孝通的体验
>
> 早在大约20世纪30年代初，就读于燕京大学社会学系的费孝通等人就痛感自己虽然生活、读书在中国，学习的却完全是西方的理论和方法，甚至连材料都是西方的。于是，当时一个在北京学习的中国学生，很可能对美国的芝加哥了如指掌（其时社会学中芝加哥学派正大行其道），而对北京城的情况却一片茫然。

> **杨国枢小传**
>
> 著名心理学家，台湾大学心理学系教授、台湾中央研究院院士。他领导的本土心理学运动已经取得了可观的成就，在2005年出版的《华人本土心理学》一书中，杨先生就总结了本土化实证研究的52个不同的重要课题范畴，分属人格与社会心理学、组织与管理心理学、发展与家庭心理学、临床与咨商心理学、异常与犯罪心理学五大领域。

钟老师说：在中国做传播心理学，首先要立足本土。我们生在中国，长在中国，借用林语堂先生"吾土吾民"的说法，我们热爱吾土吾民，我们想增加一些对吾土吾民的了解，这就是我们要中国化要本土化的根本理由。

2. 心理学中国化或本土化历程回顾

中国化本土化问题是百余年来中国人一直在思考和努力解决的焦点问题。

渊源	"五四"前后，中国思想界已形成共识，无论引进国外何种思想学说，都要尽量与中国的现实情况相结合。到了20世纪20年代，"中国化"、"中国式"、"中国的"这样的字眼已频繁出现在人们的文章中。
中国化问题提出的大背景	近代西学东渐以来，中国的传统思想学术受到极大冲击。在强大的西学面前，中国人思考问题探究学术的自信心被动摇了。长此以往，中国人将变成没有独立学术、没有独立研究甚至没有独立思想的民族。正是一批有识之士的忧虑与思考，推动着中国化运动的进展。
特点	在中国化本土化的进程中，有"马克思主义中国化"与"学术中国化"的互动。1938年10月中共中央举行六届六中全会，在著名哲学家艾思奇等人对哲学"通俗化"、"中国化"的基础上，毛泽东系统提出了"马克思主义中国化"命题，要求"使马克思主义在中国具体化，使之在其每一表现中带着必须有的中国的特性，即是说，按照中国的特点去应用它"。

(1) 毛泽东1938年关于马克思主义中国化命题在中国学术界得到的积极回应

张申府在重庆《战时文化》上发表《论中国化》认为毛泽东的话"不但是对的，而且值得欢喜赞叹"，"更可以象征出来中国最近思想见解上的一大进步"。

1939年4月，《读书月报》率先开辟了"学术中国化问题"专栏。

1939年4月，《理论与现实》(季刊)杂志在重庆创刊，该刊以"学术中国化"和"理论现实化"为办刊宗旨，为响应"马克思主义中国化"号召，创刊时即发起并组织"学术中国化"的讨论。

在《读书月报》、《理论与现实》等刊物的推动下，"学术中国化"问题的讨论在思想学术界火热开展起来，成为一时的主流话题，吸引了众多学者纷纷加入到讨论中来。

(2) 潘菽先生的《学术中国化问题的发端》

在上述《读书月报》的"学术中国化问题"专栏，著名心理学家潘菽先生发表了《学术中国化问题的发端》，表明心理学家加入到了这场学术大讨论之中。潘先生此文虽然没有专门论述心理学的中国化，但他在"学术中国化"大标题下展开的议论当然是包括心理学科在内的。

《学术中国化问题的发端》讨论的问题	为什么要中国化？ 怎样叫做中国化？ 如何中国化？ 对于旧学术怎样办？等等。
《学术中国化问题的发端》提供的建议	透彻的吸收、注重实际问题、推进理论的研究、勿以立异为高、改变留学政策、奖励国人著作、建立公众的学术设备、大学向公众开放等。

20世纪80年代初，潘菽又提出建立有中国特色的心理学，可以认为正是他早年学术中国化思想的延续。此类议论，目前得到越来越多人的认同。在大陆、台湾、香港等地萌发的心理学中国化、本土化倾向，已经汇合成一股声势浩大的中国化洪流。

(3) 杨国枢先生的贡献

大约在20世纪70年代中期，杨国枢与一些心理学家、人类学家、社会学家就开始共同探讨社会及行为科学研究中国化的可能性，并于1980年在台湾中央研究院民族学研究所召开了"社会及行为科学研究的中国化科际研讨会"，会后出版的论文集引起了学者们的广泛讨论。从此，中国化的学术运动便在心理学、人类学、社会学等学科铺展开来。

1993年，《本土心理学研究》创刊，杨国枢发表《我们为什么要建立中国人的本土心理学？》一文，对心理学中国化在台湾、香港及大陆的发展情况作了回顾。

> 老师说，重温历史，是为了思考当下。本土化中国化的道理前人已经讲了很多，问题是如何着手去做。

3. 传播心理学本土化应该考虑的问题

从中国的现实生活中发现研究问题
从中国的文化传统中发掘思想资源
在中国的传播实践中发挥自我优长

(二) 直面应用

传播心理学是应用的，这是传播心理学学科性质决定的。

"直面应用"与"立足本土"相呼应。面对的实际问题，首先是本土的，然后再扩大到更广泛的空间。

在第二讲讨论关键词时，把"传播"界定为人类基本行为，是想从更广泛的意义上看传播，不局限于大众传播，也想与理论勾连起来，从更深入的层面上看传播。但传播毕竟是现象、是现实。

钟老师大课堂：对心理学应有的反思

对于心理学，可以有一些反思和问题。应该在中国心理学"莺歌燕舞"的大好形势下看到一点儿缺憾，怀抱一丝隐忧，也存有一种反思。

（1）中国的心理学距离国家、族群，距离现实、生活，距离社会、民众，是不是有一些疏远？中国的心理学家在勤恳地埋头拉车，是不是缺少了一点儿抬头看路？

（2）心理学家是否过于沉溺于自己营造的小圈子里面"自娱自乐"而忘记了与其他学科及各界人士的沟通互动？

（3）中国心理学在民族、国家的大事情上没什么话语权，是自身能力的匮乏还是放弃了责任、担当？

中国心理学的发展

（1）发展历程

中国心理学长期受意识形态的影响甚大，主要表现在与唯物主义和唯心主义之间的归属、划界等问题上梳理不清。在很长一段时间内，这是中国心理学著述中要首先加以辩白的问题。例如中国大陆多年作为权威教材的曾是曹日昌主编的《普通心理学》，其第一章第一节的标题就是："对心理现象的理解——唯物主义与唯心主义的斗争"。

即便如此，心理学也难逃厄运，其名称中的"心"字让人很容易联想到唯心主义。心理学因为沾了个"心"字，在长期讲究唯物、唯心分野的中国，遂成语言禁忌（taboo）的牺牲品。如许多学者指出的，多年以来，在中国往往把心理学视为唯心主义的东西，因此一直未被重视，某些方面甚至成为禁区。

在20世纪下半期的中国，就有多起对心理学的批判运动，甚至由于取消而造成中国心理学的中断，例如：

1958年，北京师范大学发起的"批判心理学的资产阶级方向"的运动。

1965年，姚文元在报纸上对心理学的攻击。

"文化大革命"期间，对心理学的彻底取消等。

1989年动乱后，一些学校停招的专业中也有心理学。

潘菽在纪念中国心理学会成立60周年的文章中总结"基本经验教训"，第一条就涉及意识形态问题：

"首先，在学习过程中曾有这样一种论调，说'有马克思主义就不需要心理学'，这是一种错误的取代论，它实际上是取消了心理学，取消了心理学对我国社会主义建设应有的贡献。"

（2）心理学内部关于基础研究和应用研究的争论

基础研究（或曰理论研究）与应用研究

	发展的时间顺序	对对方的评价
基础（理论）学科	发展在后	认为应用研究不是真正的学术
应用学科	发展在前	认为基础研究者书呆子气

讨论：到底应该如何看待基础（理论）与应用？在这两方面心理学的力量可以分配协调吗？二者一定是分别的或对立的吗？

<u>中国人的思维是不一定对立的。不要怕说应用。个体可以左右逢源，学科也可以两面并重。</u>

世界著名心理学家中在这方面处理得游刃有余的，是被称做"社会心理学之父"的勒温（K.Lewin）。如《社会心理学的大师们》一书中的描述：

"他特别关注农业工人和产业工人的劳动效率。在应用心理学和社会改革上，他的兴趣毕生不移。同时，他又确实称得上是个理论家。他对科学哲学饶有兴致，数学的抽象迷住了他。对勒温来说，将实践和理论兴趣对立起来实在毫无意义，正如人们常爱引用他的一句口头禅：'没有比好理论更实际的了。'"

（[美]J.A.舍伦伯格著、孟小平译：《社会心理学的大师们》，辽宁人民出版社，1987年，第70页。）

勒温将自己的工作称为"行动研究"（Action Research），以此表明自己从理论到实践再从实践到理论的治学态度。

当今中国社会，有太多传播沟通的心理学问题需要关注。例如亲子沟通、夫妻沟通、同事沟通、客户沟通、上下级沟通，还有演讲、辩论、报告、授课、即兴发言，以及宣传、公关、广告，等等等等，背后都有人们的传播心理。

不要局限于大众传播，沟通是人类的普遍行为。形形色色的事件中，都有传播沟通在发挥作用。传播心理学家应该积极入世，投身到鲜活的生活中。

案例分析

近年大家关注的群体事件，几乎每次都可以看到媒体上提及"广大不明真相的群众与一小撮别有用心的坏人"。为什么群众不明真相？坏人的用心又如何得逞？是可以追问的。这些事件中，政府往往不是没有传播沟通，而是传播沟通没什么效果。

（三）方法多元

心理学的方法问题上，有许多争论。

从根本上看	有方法至上现象，有方法与理论的冲突。
在具体研究中	有质化研究和量化研究的对立； 有外界对实验室研究的生态效度的追问等。

分析：这里有科学主义的影响。心理学是作为一门科学被建立的，近代中国接受心理学也是把它作为理科看待的。这样的做法和看法自然没错，但问题是心理学领域发展出了排他的科学主义（scientism）观念。

科学主义心理学在中国

科学主义心理学坚持自然科学的定位，主张以实验、实证、定量研究的方法来探究人类的心理和行为。经验化、客观化和数量化是科学主义心理学的基本原则，其哲学基础是实体还原论、机械决定论和逻辑实证主义。于是，非实验、非实证、非定量的研究均被主流心理学所拒斥。

科学主义在中国心理学中表现明显，并且与中国国情相结合，又渲染上本土社会文化的色彩。

原因之一：近代以来国人痛感科学传统的缺失，所以有"五四"时期对"赛先生"的大力引进。在此历史背景下，中国心理学唯恐被人批评"不科学"。

原因之二：在意识形态的约制下，理科相对"安全"一些？

弊端：这种做法的弊端显而易见。心理学本是一门综合性、横跨文理的学科，却因此被局限在相对狭窄的领域中。

关于心理学研究方法的名家观点

（1）陈立先生的观点

心理学前辈陈立先生重点讨论了心理学的研究方法，他很反对只用"实证主义的科学方法"，为此先生笔下带上了感情：

"具体问题要具体解决，这才是真正的科学方法。玄学才只宗一种方法的。对方法论的制度化，我也持强烈的反感。因为我认为这样就会窒息许多有益的实践。就是因为方法论的制度化，只要用某种实验方法，好像结果就必然是科学的。我认为现在许多心理学研究，就不知不觉地进入这一个误区。……结果是完全脱离实际，避实就虚，无血无肉，只剩下一些干瘪瘪的渣滓，也就是完全缺乏意义的东西，大家都知道，心理学研究对象本来内涵复杂，如果用某种方法来限制它，结果当然会扼杀心理学的生机。"

（陈立：《平话心理科学向何处去》，《心理科学》1997年第5期，第385-389页。）

（2）张春兴先生的观点

在《现代心理学》一书中，张先生也提到心理学的研究强调科学方法、忽视人性特质而陷入削足适履困境。

科学心理学对传播有很多研究，较为集中的研究可参看津巴多的《态度改变与社会影响》等相关著作。

还有很多有价值的研究。如涉及文化角度的,有霍尔的跨文化沟通研究、黄光国对中国人面子的研究等。

(四)学科开放

1. 华勒斯坦的《开放社会科学》(*Open the Social Sciences*)

现在的学科分科不一定是合理的,学科界限本无意义,追到最初,现在所看到的学科本来是不分的,是后来被人为分成这样的。

> 钟老师大课堂:关于传播心理学学科的开放性
>
> **老师的观点:应该弘扬中国人的思维方式,中国人是讲联系的,所有的学科都是有联系的。所有的学科都是一家人,没有哪一门学科是最好的,更没有哪一门学科是唯一的,让大家来共同承担一个共同的任务:研究人的使命。**
>
> 心理学是研究人的行为与心理活动规律的科学,因此几乎所有人文社会科学都与心理学有着这样那样的关系,自然科学的许多门类也可以与心理学发展出交叉的领域。
>
> 心理学的研究如果想做得深入、精准,便应该具有跨学科的背景和视野;同样,其他以人为研究对象的学科,也应该对心理学给予相当的关注。
>
> 现在心理学研究有一个很大的危险,就是看不到其他学科,也看不到社会实践。其他学科同样存在类似的问题。其实,所有人文社会学科是一家人,因为大家都是一个学科,都是研究人的学科。只不过各门学科的角度不一样,而各门学科最后的目标是一样的。
>
> 不要怕四不像,科学的模样是自己慢慢塑造出来的。
>
> 传播心理学也是这样,没有必要一定要美国人有了一套标准的传播心理学,我们才变得理直气壮。关键是在这个名目下,是否踏踏实实做了事、研究了问题。
>
> 梁漱溟先生一生曾建立了自己独特的"人心与人生"的心理学,但他并不是按照一套标准的模样发展出来的。用梁漱溟先生自己的话说,他对心理学的研究并没有初始的计划和研究动机,只是在探究中国问题和人生问题时"误打误撞"出来的。梁先生自己就承认他不是一个学问家,因为他从少年期就受到父亲的影响,"耻为文人,亦且轻视学问,而自勉于事功"。
>
> 传播心理学本来就是交叉学科,难道还怕开放吗?只要是与人类传播沟通有关的心理学问题,都应该去关注,都可以去研究。(避免窄化)
>
> 第一讲中说过:一门学科不能仅仅埋头在一些具体问题中,还应该有自己超越于具体问题之上的追求。传播心理学是交叉学科,是边缘学科,是谁谁谁的分支,但这样的说法有时候会局限我们的思维。

思考两个问题是至关重要的：
交叉、边缘或者分支是不是意味着比原来的学科或领域更窄更小？
如果是这样的话，交叉学科、边缘学科和分支学科的前途何在？
总结：对于学科不要看得太神秘，对于学科界限也不要看得太分明，这是"开放社会科学"传达给我们的信息。

传播心理学的名称自有其意义：
——一种指示语，标示一个研究领域、一种共同兴趣；
——一个平台，一个话语空间，让有共同研究倾向和兴趣的人聚集在一起高谈阔论；
——一个席位，一个代表资格，表明现有学科架构下的某种归属，从而获得学科体制的承认和相应的资源。

2. 回应第一讲导论中的问题：传播心理学到底应该追求什么？

导论中强调过的：传播心理学应该有介入传播学和心理学的主流、思考主流问题的意识和雄心，应该能为主流不断提供新的概念、新的方法、新的理论。用开放社会科学的观点看，交叉和分支不是让自己变得更狭窄更琐碎，而是开辟了更广阔的研究领域，是冲击和摧毁原有的学科壁垒，是勾连起睽隔已久的各学科"兄弟"。

钟老师再次强调传播心理学的追求

要研究基于传播的独特的心理现象，也要发展出关于传播与心理的基本假说，还可以用传播心理学的研究去检验传播学和心理学的普遍性理论。最好让传播心理学的概念、方法、理论等成为传播学、心理学乃至更广泛的人文社会科学共同关心的话题。

附：某年的传播心理学作业题
1. 手机短信——信息的还是娱乐的？
2. 沟通与焦虑
3. 动画、卡通与文字：我们的符号偏好
4. 我们想表达什么——以课桌为中心
5. 大学生的礼貌：发于内和形于外
6. 请等我几分钟——自我整饰与互动期待
7. 亲密关系中的言语和非言语
8. 性别视角下的传播

9. 日记，你好！
10. 社会文化的情感设置
11. 广告诉求——感性、理性或其他
12. 影视观赏与自我概念
13. 宿舍卧谈会——民族志与心理学
14. 谁是好友：QQ与团体界域
15. 宣泄与心理健康——以BBS为例
16. 我们身边的群体极化
17. 社会真实、心理真实与媒介真实
18. 时间和空间的传播意涵——中国人的日常运用
19. 跨文化沟通何以可能：以近年的事实为例
20. 浏览与后悔——对自我的挑战
21. 电视、报纸和商场：选择的彷徨
22. 个体、群体和媒体：到底是什么体？
23. 电视剧与社会价值观
24. 众目睽睽下的感谢：仪式与真情
25. 时髦或过时：媒介的作用

拓展学习：
从开放社会科学角度看传播心理学

钟年
(武汉大学心理学系)
(文章来源：《现代传播》2008年第2期)

【内容提要】近年来传播心理学在中国发展迅速并已取得丰富的成果，在这种形势下，对传播心理学一些基本理论问题的思考依然十分必要。本文提出了三个基本问题：传播心理学可不可以成立？传播心理学应该研究什么问题？传播心理学的追求是什么？对这些问题的回答在传播心理学界可谓仁智互见、议论纷纭，但如果我们引入开放社会科学的思想，或许能寻找到一些新的答案。

传播心理学在中国大陆的研究大概已经有了二三十年的历史。[1]应该说，到目前为止，它的发展是相当迅速的，积累了一批有价值的著作和论文，开拓出一片丰富多彩的研究领地，也举行了若干次以此为专题的研讨会。这种状况与社会现实的发展有关，也与传播学、心理学等学科的快速进程相呼应，当然更离不开传播心理学研究者的辛勤工作。不过，在高歌行进之中我们也需要留些时间偶尔停下脚步思考些理论问题，因为对学科的反省是学科自觉的标志，而学科的自觉是一门学科成熟与否的分水岭。在传播心理学中，有哪些理论问题值得思考呢？对此或许是见仁见智，以作者眼见所及，有几个问题是老话题，但总还是有谈论的空间，就再来谈一谈吧。

一、传播心理学可不可以成立？

古语云："名不正则言不顺。"传播心理学能否成立牵扯到一个学科合法性的问题，因此是从事这方面研究的人员无法回避的问题。在最有影响的一些传播心理学著作中，对此问题的看法也颇有分歧。如有的学者认为："尽管大众传播学和心理学这两门学科之间有着多方面的内在联系，为构建大众传播心理学提供了可能性；尽管在信息时代，大众传播业的发展亟须大众传播学在更深层次如心理层面上给予指导，这又为大众传播心理学的建立提供了必要性。但是遗憾的是，时至今日，大众传播心理学的科学体系远未形成，可能性、必要性还不足以促使这门学科的构建变为现实。"[2]还有学者从文献分析和逻辑分析两方面入手，认为"传播心理学尚不是一个系统学科"。[3]也有学者认为："传播心理学虽然还未成熟，还未出现所谓可认定已成'系统科学'的著作，但作为边缘学科，她已承担了生她的传播学和心理学都不能解决的边缘问题研究，她已有自己不与其他学科相混淆的独特的研究对象、任务、内容、理论框架，据此，我们可以提'传播心理学'，可以用'传播心理学'这一名称来讨论与'传播心理学'有关的问题了。"[4]

这样的讨论，牵扯到什么是学科的问题。对于学科，大家各有一些标准，并以此来衡量学科的能否成立。有学者在讨论传播心理学问题时提到对于学科的理解，认为从研究的抽象程度来划分可以分成三类：一类是对事物抽象程度极高理论逻辑很强的基础理论学科，如哲学、文学；第二类是对事物进行分析评判的分析理论学科，如史学、法学；第三类是有很强操作性的应用理论学科，广告学、会计学、写作学等都可以叫学科。[5]以此不同的类别来看待学科，传播心理学自然能够在某种类别中找到自己的位置。其实，学科以及学科的标准，在相当程度上是人类文化的塑造。华勒斯坦（I.Wallerstein）等人在《开放社会科学》（Open the Social Sciences）中向我们揭示的一个事实就是："对社会科学知识所作的制度性区分具有相当大的人为性。"[6]

华勒斯坦等人通过对历史文献的回顾，清晰地展现了社会科学各个学科产生与发展的过程。"在1850年至1945年期间，人们对一系列的学科进行了界定，这些学科共同构成了一个可以'社会科学'名之的知识领域。实现这一点的步骤是，首先在主要大学里设立一些首席讲座职位，然后再建立一些系来开设有关的课程，学生在完成课业后可以取得该学科的学位。训练的制度化伴随着研究的制度化——创办各学科的专业期刊，按学科建立各种学会（先是全国性的，然后是国际性的），建立按学科分类的图书收藏制度。"[7]这样一种步骤，现在还在进行。我国的传播心理学的发展，大致也经历了这样一个过程。

我想，对于学科不要看得太神秘，对于学科界限也不要看得太分明，这是"开放社会科学"传达给我们的信息。传播心理学的名称自有其意义：①一种指示语，标示一个研究领域、一种共同兴趣；②一个平台，一个话语空间，让有共同研究倾向和兴趣的人聚集在一起高谈阔论；③一个席位，一个代表资格，表明现有学科架构下的某种归属，从而获得学科体制的承认和相应的资源。中国人比较看重"名"，做什么研究的时候都很喜欢把这个研究叫做"某某学"，以为这样一来便很隆重；而叫了"某某学"之后，又自己认真起来，把学科看得很神秘。记得上大学的时候，诺贝尔奖得主西蒙（H.Simon）教授为我们开设了一个学期的"认知心理学"。因他身份特殊，研究工作跨越了心理学、经济学、计算机科学等领域，我们便想问他的学科归属。他当时的回答令我们很意外。他说他不太考虑自己属了什么学科,他只知道自己一辈子在研究"问题",这个问题就是与人类思维有关的"问题解决"(problem solving)。所以,我们叫"传播心理研究"或"传播心理学"都应该是可以的,既然中国人喜欢"某某学",也不妨以"学"名之。让传播心理学这样一门学科成立或曰存在,使相关研究的散兵游勇走向联合,使相关话题的散论杂谈得以集中,应该是利大于弊的事情。

二、传播心理学应该研究什么问题?

传播心理学研究的问题,也可以表述为研究的对象。有学者在讨论大众传播心理学的时候说道:"大众传播心理学的对象概括讲是研究大众传播活动中传受者的心理及其行为规律的科学。具体讲,是研究因大众传播诸因素引起的传受者显在或潜在的心理和行为的形成、发展、互动等的特点和规律及传受者的生理和心理机制的科学。"[8]还有学者将传播心理学研究的问题概括为五大类:对媒介从业人员的研究;对受众的研究;对传播过程的研究;对传播后果的研究;对传播研究方法的研究。[9]这两种说法针对的都是大众传播,传播心理学的名称显然比大众传播心理学的名称包含的内容要多。有学者在回顾了若干关于传播心理学研究对象或问题的表述后,认为"传播心理学的研究对象应涉及人类信息传递活动中的一切心理现象及其规律。传播心理学研究的对象不应该窄化,而应涉及包括自身传播、人际传播、群体传播、大众传播在内的信息传播活动"。[10]我们同意不要窄化传播心理学的主张,因为传播是人类最普遍性的活动,而每一类传播现象也应该放到各种其他类别的传播现象去比较中才可以有深入的、切实的把握和体认。

汉字是一种很有意思的文字,有些时候是可以"望文生义"的。因此,对于传播心理学,我们也不妨先从字面上做点注疏游戏。传播心理学,可以理解为对传播心理的研究,也可以理解为对传播的心理学研究,还可以理解为对传播与心理的关系的研究。在前两类研究中,对传播的心理学研究显然在领域上大于对传播心理的研究,如果再加上关系的研究,传播心理学腾挪的空间会更广阔。即便在一门学科内,我们也可以有不同的研究取向。还是回到开放社会科学的思想,我以为学科应该是开放的而不是封闭的、是包容的而不是排斥的。学科内能"兼容并包",能"众声喧哗",肯定是这门学科有生命力的表现,也是这门学科步入繁荣的前提条件。

其实,我们去看传播学的创始人对传播学的理解,就好像是在说传播心理学,或者是在说传播的社会心理学。传播学大师施拉姆(W. Schramm)提出:"研究传播学其实就是研究人:研究人与人、人与他的团体、组织和社会的关系;研究人怎样受影响,怎样互相影响;研究人怎样报道消息,接受新闻与知识,怎样受教与教人,怎样消遣与娱人。要懂得传播学,应先了解人与人怎样建立关系。"[11] 施拉姆说出这样的话是有原因的,如果我们知道他为了调整自己的知识结构特意去做心理学的博士后,知道他一直坚持传播学需要引入心理学等学科的理论和方法,也就不会感到意外了。[12] 人与人建立关系的基础就是人的心理互动,所以传播心理学研究的问题就可以是传播领域涉及的各种问题,只要这些问题可以用心理学的方式处理。

所有人文社会科学的研究对象都是人,而研究人的一个重要方面,就是研究关系。有人将人的研究概括为三大课题,即人与自然的关系、人与他人的关系、人与自我内心的关系。然则这诸种关系究竟为何,窃以为可归纳为两种:①交换关系。这在社会文化的经济层面上最为明显,有物质产品的交换(如物物交换或以货币为媒介的交换),还有劳务的交换(如换工制)。法国人类学家莫斯(M.Mauss)曾著《论馈赠》(*The Gift*),讲的是不同于市场经济的某种交换,莱维—斯特劳斯(C.Levi-Strauss)受此书启发,建立起人类婚姻领域的交换理论,在他看来,婚姻就是若干群体间妇女的交换。其实,有一种婚姻缔结方式就称做交换婚(marriage by exchange),而买卖婚、服役婚又何尝不是交换。交换并不限于经济和婚姻,它在社会文化的各个层面都在进行。语言就是明显的交换,字、词、句的互相展示,实现着意义的交换。宗教则是人与超自然的交换,人类用牺牲来换回神灵的恩赐。艺术也不例外,以文会友、以诗会友、以画会友,说的都是交换,艺术品只要有欣赏者,有接受者,交换就已经发生。②契约关系。这与交换可说是一物之两面。还是先看经济领域,买东西要花钱,是常识,也是买方与卖方的契约,就是在物物交换中,也有大家认可的如"一把刀=半头牛=三张羊皮"之类的等式,否则交易无法做成。再看婚姻,大至昭君出塞、文成公主入藏,其目的在缔结两个族群间的契约,小如平民百姓互结秦晋之好,到政府领一片红纸,纸片代表的依然是有关责任、权利、义务的契约。语言文字,是一系列人们约定俗成的符号,艺术表现,要借助大家公认的手法,这也都是契约。就是最为玄妙莫测的宗教信仰,其基础也是人类假想的与超自然建立的契约。由此可见,交换与契约是互为因果、相辅相成的,没有契约无法交换,而不为交换又何必契约。[13] 对于这两种关系,如果我们还想进一步概括,那就是传播或曰沟通。无论是交换还是契约,都是在传播(沟通)的基础上达成的。

三、传播心理学的追求是什么?

一门学科不能仅仅埋头在一些具体问题中,还应该有自己超越了具体问题之上的追求。我们常在说,传播心理学是交叉学科,是边缘学科,是谁谁谁的分支,但这样的说法有时候会局限我们的思维。我想提出的问题是，交叉、边缘或者分支是不是意味着比原来的学科或领域更窄更小？如果是这样的话，交叉学科、边缘学科和分支学科的前途何在？

毋庸讳言，长期以来在我们的想法中交叉学科、边缘学科或分支学科很有可能是比原来的母体学科更窄更小的。我们都很熟悉也会同意这样的说法：如果以 a 表示心理过程的领域，以 b 表示传播过程的领域，c 表示 a 和 b 交叉后重叠交汇的区域，则传播心理学的研究对象就是这个 c。"离开这个 c 区，在心理过程 a 中的任何地方都找不到传播的影子；离开这个 c 区，在传播过程 b 的任何地方更找不到心理现象的影子。有了这个判定，也就大大缩小了传播心理学研究者进行科学考察的范围，减少了无效劳动，提高科学研究的效率。"[14] 确实，缩小研究范围，可以提高效率，但由于传播现象和心理现象的复杂性，说到底是由于人的复杂性，这样一来会不会让我们变得越来越见树不见林，最终更难对传播现象和心理现象有深刻的认识？如果出现这种结局，那"交叉"岂不是越交越"差"，分支则越分越"支离破碎"，我们的学科也会落到无人垂青的真正"边缘"的地步？

其实，正如大家在谈论传播心理学时常常提到的，传播心理学的母体学科传播学和心理学也都曾经是交叉学科、边缘学科或分支学科。我们来看传播学的四个先驱，拉斯韦尔（H.D.Lasswell）、拉扎斯菲尔德（P.F.Lazarsfeld）、勒温（K.Lewin）、霍夫兰（C.I.Hovland），前两位分别是政治学家、社会学家，后两位是心理学家。需要说明的是，这四个先驱的知识背景都十分复杂，对他们的学科归属只是勉强为之。以前两位为例，只说与心理学相关的。拉斯韦尔小时候曾得到他叔叔送的一本弗洛伊德（S.Freud）在克拉克大学的演讲集，这是童年期对他影响最大的书；在他的学术生涯中，曾结识沙利文（H.S.Sullivan）等精神分析方面的代表人物，这使他成为政治心理学的创始者并写出《精神病理学与政治学》这样的著作。拉扎斯菲尔德在维也纳大学的时候就与心理学系来往密切并曾成为该系教员，他还曾与精神分析的创始人之一阿德勒（A.Adler）过从甚密，1925年他创办了"经济心理学研究中心"，中年以后他常自称是心理学家。[15] 心理学的情形与此类似，其创始人冯特（W.Wundt）有着多种知识背景，主要是生理学、哲学，其他还有医学、物理学、语言学、宗教学、民族学、逻辑学、伦理学等。科学心理学的诞生，就是多学科的交叉，正如我们大家熟知的那个比喻：心理学的父亲是哲学，母亲是心理学。当然，我们不应该忘记还有许多其他学科，他们都是心理学的前辈尊长。

于是，传播学和心理学也遇到了今天传播心理学所遇到的同样的问题，亦即自己会比原来的母体学科或领域更窄更小么？我们先来看看传播学，其集大成者施拉姆在 20 世纪 40 年代出任衣阿华大学新闻学院院长开创其传播学事业的时候说过这样的话："我希望所看到的新闻学院将不会像其自身那般软弱，而是像这所大学一样强壮。不是一群教师和学生坐在这所大学的边缘地区，摆弄着他们的小玩意，在文章的第一段中拼凑着关于谁、什么、哪里和何时的情景描述——不是那样，而是一个处于这所大学的中心地带的学院，它会以这样的假设开始，即它所要造就的学生将是整个大学中最适合于理解和谈论他们所处的那个世界的学生。"[16] 这段话透露的正是传播学要脱离边缘迈入中心的勃勃雄心。

我们再来看看心理学。在冯特当年创建科学心理学的时候，主要倡导的是个体心理学或曰实验心理学，研究的是人类心理更靠近生理一端的内容，这些内容，可以看做是生理学与哲学的交叉领域。这一领域的研究取得许多成果，也很有发展前景，心理学史对此的评价极高。不过，因为是交叉，是要用生理学实验方法可以研究的，故而这一领域涉及的主要是低级的心理现象。我想冯特后来大概也有心理学会不会做得比母体学科更窄更小的困惑，这可能是促使冯特在其生命的最后20年倾全力去建构民族心理学体系的重要原因。他在这方面写出了三部著作：一是从1900年3月至1919年9月写成的10大卷《民族心理学——对于语言、神话和道德的发展规律的探讨》；二是1912年出版的《民族心理学纲要》；三是在1912年出版的题名为《民族心理学诸问题》的论文集一册。对于冯特的民族心理学，以往的评价是不成功，似乎是浪费大好时光，有些类似于以前对爱因斯坦晚年误想统一场论的评价。但近年随着文化心理学的兴起，人们开始重新审视冯特晚年的工作和贡献。[17] 冯特自己对民族心理学的期望是"研究以人的团体一般的发展和有普遍价值的、共通的精神产物发生为基础的心理过程"[18]，从中体现出来的正是对普遍的、共通的问题的关注。

那么，传播心理学的追求到底应该是什么呢？我以为，传播心理学应该有介入传播学和心理学的主流、思考主流问题的意识和雄心，应该能为主流不断提供新的概念、新的方法、新的理论。用开放社会科学的观点看，交叉和分支不是让自己变得更狭窄更琐碎，而是开辟了更广阔的研究领域，是冲击和摧毁原有的学科壁垒，是勾连起睽隔已久的各学科"兄弟"。最后表达一下传播心理学的追求吧：我们要研究基于传播的独特的心理现象，也要发展出关于传播与心理的基本假说，还可以用我们的研究去检验传播学和心理学的普遍性理论。最好让我们的概念、方法、理论等成为传播学、心理学乃至更广泛的人文社会科学共同关心的话题。

注释：

1. 可参见刘京林：《刘京林自选集——新闻心理·传播心理研究》，北京广播学院出版社，2004年，第3–18页。

2. 刘京林：《大众传播心理学——从现代心理学视角看大众传播》，北京广播学院出版社，1997年，第14页。

3. 刘晓红、卜卫:《大众传播心理研究》,中国广播电视出版社,2001年,第342—345页。

4. 林之达:《传播心理学新探》,北京大学出版社,2004年,第40页。

5. 申凡:《新闻传播学科与心理学交叉研究的思考》,《新闻传播研究》,2003年第4期。

6. 华勒斯坦等著、刘锋译:《开放社会科学》,生活·读书·新知三联书店,1997年,第41页。

7. 华勒斯坦等著、刘锋译:《开放社会科学》,生活·读书·新知三联书店,1997年,第31—32页。

8. 刘京林:《大众传播心理学——从现代心理学视角看大众传播》,北京广播学院出版社,1997年,第5页。

9. 刘晓红、卜卫:《大众传播心理研究》,中国广播电视出版社,2001年,第348—349页。

10. 覃晓燕:《浅论传播心理学学科体系的构建》,《山东视听》,2005年第7期。

11. 宣伟伯著、余也鲁译述:《传媒·信息与人——传播学概论》,中国展望出版社,1985年,第4页。

12. [美]E.M.罗杰斯著、殷晓蓉译:《传播学史——一种传记式的方法》,上海译文出版社,2001年,第6—8页。

13. 可参见钟年:《文化:越问越糊涂》,《民族艺术》,1999年第3期。

14. 林之达:《传播心理学新探》,北京大学出版社,2004年,第29页。

15. 有关传播学四个先驱的经历,参见[美]E.M.罗杰斯著、殷晓蓉译:《传播学史——一种传记式的方法》(上海译文出版社,2001年)的相关章节。

16. [美]E.M.罗杰斯著、殷晓蓉译:《传播学史——一种传记式的方法》,上海译文出版社,2001年,第26页。

17. 详细讨论可参见钟年、彭凯平:《文化心理学的兴起及其研究领域》,《中南民族大学学报》,2006年第6期。

18. 高觉敷主编:《西方社会心理学发展史》,人民教育出版社,1991年,第20页。

附录一　钟老师的简介

　　钟年，男，汉族，出生于湖北省武汉市，1983年毕业于北京大学心理学系，随即任职于中南民族学院民族研究所。1991年调至湖北大学中国思想文化史研究所，1995年年底破格晋升为教授。2001年调至武汉大学，曾任武汉大学哲学学院心理学系系主任，现为武汉大学现代心理学研究中心主任，武汉大学哲学学院心理学系教授，"心理学与中国发展论坛"发起人，2008年被武汉大学学生评为"最受喜爱的十佳优秀教师"，湖北省跨世纪学术骨干，并兼任中国社会心理学会理事、中国心理学会人格心理学专业委员会委员、中国心理学会理论心理学与心理学史专业委员会委员、中国社会心理学会传播心理学专业委员会委员、中国民族学会理事、中国人类学会理事、中国民族社会学会理事、湖北省社会心理学会副会长、湖北省心理学会常务理事、武汉市地方志编纂委员会委员、《民俗研究》杂志编委及清华大学心理学系兼职教授、复旦大学心理学研究中心兼职教授、北京大学人类学与民俗研究中心特约研究员。

　　自工作以来，主要从事心理学、社会学、人类学、文化学、民俗学等领域的研究，曾多次赴广西、湖北、湖南等地的汉族、瑶族、苗族、土家族地区开展田野调查，有关研究成果曾获国家民委、湖北省等的优秀科研奖励。曾参加《人类学词典》、《社会学词典》的编写，合作主编"社会心理学精品译丛"、《心理学与中国发展》、《中国文化厄史》、《黄鹤楼志》，著有《文化之道》、《中国人的传统角色》、《大江东去——长江流域的自然地理与人文地理》、《人类信息的沟通——传播史》，在《心理学报》、《心理科学》、《社会学研究》、《民族研究》、《世界宗教研究》、《自然辩证法研究》、《中国社会科学》、《中国社会科学·未定稿》、《心理学探新》、《大众心理学》、《心理研究》、《武汉大学学报》、《华中师范大学学报》、《现代传播》、《人民日报》、《光明日报》、《中国社会科学报》、《中国教育报》、《文献》、《读书》、《东方》、《社会科学战线》、《东南文化》、《民俗研究》、《寻根》、《民俗曲艺》（台湾）、《历史月刊》（台湾）、《中国文化月刊》（台湾）、《孔孟月刊》（台湾）、《国文天地》（台湾）等刊物上发表学术文章100余篇，一些著述曾被《新华文摘》、《书摘》、《中国人民大学复印报刊资料》（包括《心理学》、《社会学》、《文化研究》、《民族研究》、《自然辩证法研究》、《中国古代近代文学研究》、《中国古代史》等专题）、《中国人民大学社科信息集萃》、《高等学校文科学报文摘》、《中央民族大学学报》以及美国的《世界日报》（*World Journal*）等报刊转载。

附录二 钟老师的文章

著作

1. 《文化之道——人类学启示录》，湖北人民出版社，1999 年。
2. 《中国人的传统角色》，湖北教育出版社，1999 年。
3. 《大江东去——长江流域的自然地理与人文地理》（第一作者），武汉出版社，2006 年。
4. 《人类信息的沟通——传播史》（第一作者），湖北人民出版社，2007 年。
5. 《中国文化厄史》，湖北人民出版社，1997 年。
6. 《黄鹤楼志》（副主编并撰"概述"），武汉大学出版社，1999 年。
7. "社会心理学精品译丛"（合作主编），人民邮电出版社，2004 年。
8. 《心理学与中国发展》（合作主编），中国轻工业出版社，2009 年。
9. 《社会学词典》（参编），山东人民出版社，1988 年。
10. 《人类学词典》（参编），上海辞书出版社，1991 年。

文章

1. 智力问题探新，《心理学探新》1982 年第 4 期。
2. 我国民族心理学研究概述，《民族学通讯》1984 年第 35 期。
3. 心理学和人类学（译文），《中国人类学学会通讯》第 102 期，1985 年。
4. 谈谈旅途社会调查，《社会（社会学杂志）》1985 年第 5 期。
5. 广西融水白云乡瑶族女不读书的研究，《民族研究》1985 年第 5 期。
6. 广西融水苗族自治县白云乡瑶族教育情况调查，《广西民族研究》1985 年第 1 期。
7. 论少数民族文化中的竞赛，《中南民族学院学报》1986 年第 4 期。
8. 我国民族学如何为现实服务，《民族学与现代化》1986 年第 4 期。
9. 我国民族学应转向对文化的研究（提要），《民族学通讯》第 58 期，1987 年。
10. 研究现实文化是我们的当务之急，《中国文化书院学报》第 5 期，1987 年。
11. 广西融水红瑶婚姻、家庭及习俗心态调查，《广西民族研究参考资料》第 7 辑，1987 年。
12. 猿人转变新论，《未定稿》1987 年第 23 期。
13. 芦笙文化丛初探，《贵州民族研究》1988 年第 1 期。
14. 再谈现实文化研究——答草千里同志，《中国文化书院学报》第 14 期，1988 年。
15. 应当重视民族学理论建设，《民族学通讯》第 77 期，1988 年。
16. 对早婚和不落夫家的新认识，《广西民族研究》1989 年第 5 期。
17. 勤奋耕耘六十余载　著作等身桃李满园——记吴泽霖教授，《湖北社科通讯》1990 年第 23 期。

18. 文化与人格（译文），《民族译丛》1990年第2期。
19. 试论宗教与民族心理，《中南民族学院学报》1991年第4期。
20. 从人与动物的本质差别看人类起源的动力，《当代中国人类学》，上海三联书店，1991年。
21. 文化研究的若干思考，《民族学通讯》第115期，1991年。
22. 吴泽霖民族研究思想述评，《中南民族学院学报》1992年第4期。
23. 文化濡化及代沟，《社会学研究》1993年第1期。
24. 吴泽霖民族博物馆思想管窥，《民俗研究》1993年第1期。
25. 女娲神话中的一个关键细节的复原，《中南民族学院学报》1993年第4期。
26. 《人类学辞典》求疵，《辞书研究》1993年第5期。
27. 从田野中来，《读书》1993年第9期。
28. 宗教意识论略，《黑龙江民族丛刊》1993年第4期。
29. 我国各民族泥土造人神话的比较研究，《黔南民族》1993年第1-2期。
30. 文化之旅——冯天瑜先生及其中华文化史研究，《长江日报》1993年12月19日。
31. 余响之余响，《博览群书》1994年第2期。
32. 置于时空流中的自然崇拜——《中国自然神与自然崇拜》读后，《民族研究》1994年第2期。
33. 中国乡村社会控制的变迁，《社会学研究》1994年第3期。
34. 论人类起源过程中的若干问题，《自然辩证法研究》1994年第3期。
35. 鸡子和宇宙蛋——创世神话中的生殖意象，《贵州民族研究》1994年第2期。
36. 天人和谐——中国古神话透露的信息，《东方》1994年第2期。
37. 女娲与侬罗——土家族神话对古神话复原的启示，《湖北民族学院学报》1994年第1期。
38. "混沌"与洪水神话的干连，《淮阴师专学报》1994年第1期。
39. 生产、生殖、祖社及太阳树——中国古代桑文化谈片，《文史知识》1994年第4期。
40. "教学与科研并重"的落脚点，《湖北教育报》1994年4月18日。
41. 我国民族学发展中的缺憾，《社会科学战线》1994年第4期。
42. 峰回路转　柳暗花明——读《明清宫廷疑案》，《博览群书》1994年第6期。
43. 数字"七"发微，《中南民族学院学报》1994年第4期。
44. 释"干栏"，《读写月报》1994年第11期。
45. 世纪末再回首——读吴泽霖《美国人对黑人、犹太人和东方人的态度》一书，《民族研究动态》1994年第3期。
46. 心灵的战栗——美容手术失败的心理打击，《大众心理学》1995年第1期。
47. 一幅重要的画面，《读书》1995年第4期。
48. 宋代的妇女生活，《文史知识》1995年第8期。
49. 宋元时期游牧文化对农耕文化的冲击毁伤，《史学月刊》1995年第4期。

50. 从人类学角度看社会控制,《中南民族学院学报》1995年第4期。
51. 天梯考,《文献》1995年第3期。
52. 广告中的男性中心观,《学习》1995年第9期。
53. 妇女观的倒退,《光明日报》1995年10月4日。
54. 女娲抟土造人神话的复原,《寻根》1995年第3期。
55. 中国民俗学攀升的坚实阶梯,《民俗研究》1995年第3期。
56. 龙与中华文化的多元起源,《黑龙江民族研究丛刊》1995年第3期。
57. 北方民族武力冲击对宋文化的双重毁伤,《湖北大学学报》1995年第6期。
58. 人类心理的跨文化研究,《中南民族学院学报》1996年第1期。
59. 论中国古代的桑崇拜,《世界宗教研究》1996年第1期。
60. 中国元典文化寻踪,《社会科学动态》1996年第5期。
61. 冯天瑜的文化之旅,《书城杂志》1996年第3期。
61. 戊戌不缠足运动的文化透视,《社会学研究》1996年第3期。
62. 女性与数字"七",《民间文学论坛》1996年第2期。
63. 人类学对政治的研究,《南方民族研究论丛》第一辑,民族出版社,1996年。
64. 放足与放心——戊戌不缠足运动的回顾,《中南民族学院学报》1996年第4期。
65. 宗法、保甲、乡约——两宋时期的乡村社会控制,(台湾)《历史月刊》1996年第8期。
66. "上骈生耳目"新解,(台湾)《孔孟月刊》1996年第12期。
67. 说须发,《文史知识》1997年第1期。
68. 丐帮与丐——一个社会史的考察,《湖北大学学报》1997年第1期。
69. 中国神话的演化轨迹,(台湾)《历史月刊》1997年第3期。
70. 闲说皇帝,《东方文化》1997年第2期。
71. 成长的界标——中华民族的成年礼,《寻根》1997年第4期。
72. 名士与名妓,(台湾)《历史月刊》1997年第6期。
73. 民族史研究的有益尝试,《中国社会科学》1997年第6期。
74. "金莲要小,牌坊要大"——宋代的妇女生活,《书摘》1997年第12期。
75. 畲文化二元性论纲,《畲族民俗风情》,海峡文艺出版社,1997年。
76. 婚嫁与新娘——一个历史民俗学的考察,《民俗研究》1998年第1期。
77. 寡妇问题——社会史立场的检诘,《湖北大学学报》1998年第2期。
78. 盘古的来历,(台湾)《民俗曲艺》111期(1998年1月)。
79. 中国文史里的寡妇,(台湾)《国文天地》第13卷第12期(1998年5月)。
80. 巫的原始及流变,《东南文化》1998年第2期。
81. 从"粤人蓄婢"说开去——关于奴婢角色的风俗史话,《广东民俗》1998年第2期。
82. 可怜薄命作君王——历史上的角色错位现象,(台湾)《国文天地》第14卷第2期(1998年7月)。
83. 门子与门人,《文史知识》1998年第10期。

84. 追忆泽霖先生,《中南民族学院学报》1998年第4期。
85. 从《评皇券牒》看瑶人的边际心态,《民族艺术》1998年第4期。
86. 中医对中华传统文化的影响,《湖北方志》1998年第5期。
87. 从婚俗看婚姻的本质,《广东民俗》1998年第4期。
88. 中国历史上的流民,(台湾)《历史月刊》1998年第8期。
89. 采菊东篱下,悠然见南山——谈中国历史上的隐士,(台湾)《国文天地》1998年第12期。
90. 关于中国的大家庭,《读书》1999年第1期。
91. 侠士论谈,(台湾)《历史月刊》1999年第1期。
92. 试伦宗教的文化沟通本质,《黑龙江民族丛刊》1999年第2期。
93. 中医对中华文化的影响,(台湾)《中国文化月刊》1999年第2期。
94. 中国历史上女性的反礼教行为,(台湾)《历史月刊》1999年第4期。
95. 文化的命运,《光明日报》1999年5月13日。
96. 婚礼:文化的确认与民俗的展示,《广东民俗》1999年第2期。
97. 中国传统家庭的人生角色——以几种女性角色为例,(台湾)汉学研究中心编《中国家庭及其伦理研讨会论文集》,汉学研究中心出版,1999年。
98. 家庭类型研究及中国的家庭类型,《社会科学动态》1999年第6期。
99. "苍颉四目"试解,《文献》1999年第3期。
100. 都市困境——人类发展面临的一个问题,《东方》1999年第8期。
101. 假设与验证的循环推进——由《乡土中国》和《江村经济》想到中国文化研究的学术路向,《湖北大学学报》1999年第4期。
102. 文化:越问越糊涂,《民族艺术》1999年第3期。
103. 中国历史上的君子,《湖北方志》1999年第5期。
104. 关系和关系研究——介绍《中国城市的工作和不平等》并以此纪念吴泽霖先生诞辰一百周年,《南方民族研究论丛》第4辑,民族出版社,1999年。
105. 十年寒窗无人问,一举成名天下知——有关状元的风俗史话,《民俗研究》1999年第3期。
106. 图穷匕现话刺客,(台湾)《历史月刊》2000年第2期。
107. 宗族文化与社区历史——以湖北土家族地区为例,《湖北大学学报》2000年第1期。
108. 中华文化中的敬老传统,《大众日报》2000年2月14日。
109. 以人为中心——《潘光旦选集》读后,《博览群书》2000年第3期。
110. 敬老传统的社会与文化意义,《光明日报》2000年3月3日。
111. 记著名社会学家、人类学家吴泽霖先生,《武汉文史资料》2000年第2期。
112. 文化多样性与社会可持续发展,《中华文化研究通讯》2000年第2期。
113. 人文精神和文化转型——冯天瑜教授近年的学术理论,《武汉文史资料》2000年第4期。

114. 粉墨生涯话优伶,《文史知识》2000年第2期。
115. 与自然和谐相处——人类对自身与环境关系的思考,《东方》2000年第6期。
116. 文化中的边缘人,《民族艺术》2000年第2期。
117. 社会记忆与族群认同——从《平皇券牒》看瑶族的族群意识,《广西民族学院学报》2000年第4期。
118. 解决问题 知难而上——人类学者访谈录,《广西右江民族师专学报》2000年第3期。
119. 人类学视野下的宗教——中国乡村社会控制中的一种力量,《东南文化》2000年第7期。
120. 从"优孟衣冠"说到"梨园弟子",《人民政协报》"学术家园",2000年7月21日。
121. 传统社会中的妇女抗争,《光明日报》2000年11月3日。
122. 民俗(含"概况"、"过年"、"饮食习俗"),《武汉年鉴(2000)》"社会生活",武汉年鉴社编辑出版,2000年。
123. 生物多样性和文化多样性,《中国教育报》"学园",2001年1月10日。
124. 民间故事:谁在讲谁在听——以廪君、盐神故事为例,《民间文化》学术专号,2001年第1期。
125. 人类学关于环境与生活类型的研究,《广西民族研究》2001年第1期。
126. 居住模式与生育文化,《市场与人口分析》2001年第2期。
127. 生育文化与宜昌经验,《治本之路》,中国人口出版社,2001年。
128. 民俗(含"概况"、"庙会"、"行"、"游戏"、"礼品"),《武汉年鉴(2001)》"社会生活",武汉年鉴社编辑出版,2001年。
129. 湖北土家族地区的宗族文化,《清江文化与现代文明》,武汉出版社,2001年。
130. 警惕集体名义下的学术腐败,《光明日报》"书评周刊",2001年9月6日。
131. 《艺术民俗学》述评,《民俗研究》2001年第2期。
132. 对时间与空间、文本与生活的关注——萧放《〈荆楚岁时记〉研究》读后,《湖北大学学报》2001年第5期。
133. 对土家族文化的一点认识(代序),《社区历史与乡政村治》,民族出版社,2001年。
134. 不同民族不同文化的相处之道——现代化问题与文化多样性,《世界民族》2001年第6期。
135. 人类政治体制与社会控制,庄孔韶主编:《人类学通论》,山西教育出版社,2002年。
136. 基督教礼仪文化的追索——读康志杰著《基督教的礼仪节日》,《江汉论坛》2002年第2期。
137. 提出问题比解决问题更重要——《土家族文化的发生学阐释》读后,《中南民族大学学报》2002年第2期。
138. 从《创世记》说开去——谈谈中国各民族的人类起源神话,(台湾)《国文天地》2002年第4期。

139. 民俗（含"概况"、"电子贺年"、"公共空间·综合性娱乐场"、"公共空间·民俗饮食文化街"），《武汉年鉴（2002）》"社会生活"，武汉年鉴社编辑出版，2002年。
140. 人类家庭的文化透视，《广西右江民族师专学报》2002年第4期。
141. 21世纪前十年中国民族学面临的任务，《民族学论集——兰州2001民族学学术研讨会论文集》，甘肃人民出版社，2002年。
142. 生育文化与民俗心理学，《湖北大学学报》2002年第3期。
143. 人类生育、社会控制与文化心理氛围，《民族研究》2003年第3期。
144. 民俗（含"概况"、"读报"、"倾诉成风"），《武汉年鉴（2003）》"社会生活"，武汉年鉴社编辑出版，2003年。
145. 一座城市的记忆（代序），武汉地方志编纂委员会办公室编：《凝铸的日历》，武汉出版社，2003年。
146. 文化、文化结构与文化心理——从实证立场出发对文化学的思考，《人文论丛（2003年卷）》，武汉大学出版社，2003年。
147. 民俗（含"概况"、"服饰时尚"、"集体婚礼"、"婚庆礼仪策划"、"过洋节"），《武汉年鉴（2004）》"社会生活"，武汉年鉴社编辑出版，2004年。
148. 黄鹤楼的诗文与故事，台湾《国文天地》2004年第11期。
149. 人格与文化，孙秋云主编：《文化人类学教程》，民族出版社，2004年。
150. 政治制度与社会控制，孙秋云主编：《文化人类学教程》，民族出版社，2004年。
151. 对先进文化内涵的思考——结合文化人类学和文化心理学展开的讨论，《中南民族大学学报》，2005年第1期。
152. 文化心理学的兴起及其研究领域，《中南民族大学学报》，2005年第6期。
153. 民俗（含"概况"、"唱卡拉OK"、"网上祭扫"、"公共空间——公园"、"公共空间——广场"、"特色鸭脖精武路"、"'汉味早点第一巷'——户部巷"），《武汉年鉴（2005）》"社会生活"，武汉年鉴社编辑出版，2005年。
154. 人际关系，黄希庭主编：《心理学与人生》，暨南大学出版社，2005年。
155. 中华文化中的待老之道——从社会、文化、心理层面展开的讨论，《民族学评论》（第2辑），云南大学出版社，2005年
156. 民俗，《武汉年鉴（2006）》，2006年，武汉年鉴社。
157. 女性文化、角色心理与生命史（第二作者），《湖北大学学报》，2006年第1期。
158. Naïve Dialecticism and the Tao of Chinese Thought（第三作者），2006年，*Indigenous and Cultural Psychology*, Springer. U.S.A.。
159. 历史、层累与文化心理——以湖北三峡地区土家族为例，《湖北大学学报》2007年第4期。
160. 民俗，《武汉年鉴（2007）》，2007年，武汉年鉴社。
161. 社会情境中的人，郭永玉、王伟主编《心理学导引》，华中师范大学出版社，2007年。

162. 文化与人格研究中的几个问题（第三作者），《心理学探新》，2007 年第 1 期。
163. 论中国近现代学术中的心理学，《华中师范大学学报》，2008 年第 1 期。
164. 女性与家庭：社会历史和文化心理的追问，《武汉大学学报》，2008 年第 2 期。
165. 论传播心理学的几个基本问题——一种开放社会科学的视角，《现代传播》，2008 年第 2 期。
166. 跨学科与心理学研究，《湖北大学学报》2008 年第 3 期。
167. 中文语境下的"心理"与"心理学"，《心理学报》，2008 年第 6 期。
168. 反思中国近现代心理学的发展轨迹，《心理科学》，2008 年第 5 期。
169. 改革开放以来关于中国人文化心理的研究，《中国特色社会主义文化建设研究》，武汉大学出版社，2008 年。
170. 从自我到文化："范跑跑"事件的传播心理学透视，《新闻与传播评论》2008 年卷。
171. 武汉民俗，《武汉年鉴》（2008）2008 年 7 月，武汉年鉴社。
172. 武汉民俗，《武汉年鉴》（2009）2009 年 7 月，武汉年鉴社。
173. 从异邦到自我，《人民日报》（理论版）2009 年 6 月 7 日。
174. "武汉解放 60 年"前言，《龙腾江汉》，武汉出版社，2009 年。
175. 文化心理学，佐斌主编《社会心理学》，高等教育出版社，2009 年。
176. 卖炭翁与利他行为，《解放日报》理论版 2009 年 2 月 10 日。
177. 心理学是读心术吗，《解放日报》理论版 2009 年 5 月 4 日。
178. 心理学中国化的超越，《心理学与中国发展》，中国轻工业出版社，2010 年。
179. 迈向人民的心理学，《心理学与中国发展》，中国轻工业出版社，2010 年。
180. 文化与心理学，《珞珈讲坛》，武汉大学出版社，2009 年。
181. 武汉民俗，《武汉年鉴》（2010）2010 年，武汉年鉴社。
182. 如何用优势经营快乐人生，《天津日报》理论版，2011 年 2 月 21 日。
183. 忧思与超越——心理学的学科自觉，《中国社会科学报》，2011 年 5 月 3 日。
184. 武汉民俗，《武汉年鉴》（2011）2011 年 7 月，武汉年鉴社。
185. 倾诉与倾诉——《楚天金报》"真情倾诉"的心理学意义，《悬崖玫瑰——楚天金报情感倾诉实录》，中国和平出版社，2011 年。
186. 我与武汉，《武汉春秋》，2012 年第 2 期。
187. 武汉民俗，《武汉年鉴（2012 年）》，武汉年鉴社，2012 年。
188. 中国人的幸福密码，《天津日报》（理论版），2012 年 9 月 24 日。
189. The Chinese Thinking Style: One Possibility for Public Human Resources Management, Proceeding of the first international symposium on public human resource management, 2012.

田野访古

心理咨询师培训

和毕业的研究生

心理学与中国发展论坛

和心理学同行于武大珞珈山麓

论文答辩后留影

香港运动心理学专业协会主礼嘉宾

为乡镇基层干部讲授心理学

学术会议主题发言

心理学讲座

杭州西湖边

武汉大学本科课堂